I0426859

www.ingramcontent.com/pod-product-compliance
Lightning Source LLC
Chambersburg PA
CBHW020329290526
45785CB00007B/2981

* 9 7 8 1 3 1 2 5 7 6 2 1 6 *

قصه‌های درمانگر

اصول و تکنیک‌های قصه درمانی برای کودکان

THERAPEUTIC STORIES

Principles & Techniques of Story Therapy for Children

ویولت رازق پناه
Violet Razegh Panah

Book
نشر وی بوک

PUBLISHING

Title: Therapeutic Stories
Category: Psychology, Kids' Psychology
Author: Violet Razegh Panah
Cover Design: Abtin Jodat
V-Book Publishing 2023

عنوان: قصه‌های درمانگر
دسته‌بندی: روانشناسی، روانشناسی کودک
نویسنده: ویولت رازق پناه
طراح جلد: آبتین جودت
نشر وی بوک ۱۴۰۲ شمسی

Published by V BOOK PUBLISHING.

فهرست مطالب

مقدمه ناشر

باعث خوشحالی است که کتاب قصه‌های درمانگر، نوشته خانم ویولت رازق پناه، نویسنده محبوب و متخصص در زمینه قصه‌نویسی کودک و نوجوان، را به دست شما خوانندگان علاقمند به این حوزه می‌رسانیم. این کتاب حاصل چندین دهه سابقه نویسندگی با تخصص نویسندگی کودک و همچنین ۱۵ سال سابقه خدمت داوطلبانه در موسسه خیریه معلولین و سالمندان کهریزک است. نویسنده در سال ۲۰۰۱ جایزه اول یونسکو و تقدیرنامه از کتابخانه مونیخ برای کتاب ایستگاه میر را کسب کرد و همچنین جایزه بهترین کتاب کودک سال ۱۳۹۲ برای کتاب قصه‌های من و مامان، تقدیرنامه از دانشگاه شهید بهشتی ایران به همراه چندین تقدیرنامه دانشگاهی و موسسات غیرانتفاعی داخلی و خارجی دیگر را در کارنامه خود دارد.

کتاب حاضر شامل دو بخش است. بخش اول به بچه‌های دارای رشد با روند معمولی می‌پردازد و سیر تحول رفتار را از بدو تولد تا سنین خردسالی مورد تحلیل قرار می‌دهد. علاوه بر آن، چگونگی کتاب خواندن برای کودکان، نقش بازدارندگی و تشویق کودکان، و شاخص‌های گوناگون هوشمندی را شرح می‌دهد. بخش دوم کودکان با روند رشد غیر معمول و ویژه را بررسی می‌کند و طرز شناخت ناهنجاری‌ها و چگونگی تعامل و قصه‌گویی برای هر نوع از این اختلالات را تبیین می‌کند.

با استفاده از مثال‌های پویا و کاربردی، این کتاب نحوه انتخاب، ساخت، تغییر یا تطبیق قصه با نظرات، علاقه‌مندی‌ها، نگرش‌ها و نگرانی‌های کودک را آموزش می‌دهد. زبان ساده و روان این اثر ضمن افزودن به جذابیت آن، به خواننده اجازه می‌دهد تا با مفاهیم اساسی این شاخه روانشناسی آشنایی بیشتری پیدا کند. امیدواریم که خواندنش برای شما مفید و لذت بخش باشد.

سخن نویسنده

«قصه‌های درمانگر» نتیجه سال‌ها تلاش و پژوهش است که با امید به بهبود زندگی و روابط انسان‌ها به رشته

تحریر درآمده است. از همه روانشناسان و ایده‌پردازانی که در زمینه‌های مختلف با تحقیقات و نظرات خود به من

الهام بخشیدند، و همچنین آقای آبتین جودت، ناشر این کتاب، قدردانی می‌کنم. از خوانندگان عزیز خواهشمندم

که با نقد و بررسی ارزشمند خود مرا در رفع نواقص و ارتقای کیفیت یاری فرمایند.

پیشگفتار

قصه درمانی از گذشته‌های دور مورد استفاده بوده است. برخی منابع تاریخی نشان می دهند که پزشکان و روان درمانگرهای باستان از قصه گویی برای شفای بیماران استفاده می کردند. نخستین بار هنر درمانی به صورت یکی از تئوری‌های فروید و یونگ مطرح شد و بعدها افراد دیگری بر روی آن طرح‌های تازه‌ای به وجود آوردند. مورتون شاتزمن، روانپزشک آمریکایی، اولین کتاب در این زمینه با عنوان "قصه درمانی: چگونه قصه‌ها را به عنوان ابزار درمان استفاده کنید" منتشر کرد. این کتاب شامل تئوری‌ها، فنون و مطالعات موردی درباره ی قصه درمانی بود. پس از آن، بسیاری از روانشناسان و پژوهشگران به بررسی و توسعه‌ی قصه درمانی پرداختند. به عنوان مثال، در دهه ۸۰ میلادی دو روان درمانگر استرالیایی به نام‌های مایکل وایت و دیوید اپستون کار بر روی این روش را ادامه دادند. آن‌ها الهام خود را از اندیشه‌های پسامدرن، پساساختارگرایی، فلسفه، انسان شناسی، جامعه شناسی و هرمنوتیک گرفتند. آن‌ها معتقد بودند که زبان نقش مهمی در ساخت و ساز داستان زندگی افراد دارد و با تغییر زبان می توان داستان را تغییر داد. آن‌ها همچنین تأکید داشتند که قصه درمانگر باید با مددجوی خود (به جای مراجعین) به صورت همکارانه و احترام آمیز کار کند و نقش گوش دادن فعال، پرسش گر، حمایت کننده و شاهد را داشته باشد.

همچنین چهار بانو به نام‌های الینور اولمان،هاتاکو اتکوسکا، ادیت کرامر، مارگریت نامبرگ که به صورت جهانی در توسعه درمان از طریق هنر فعالیت کرده اند.

نامبرگ معتقد بود که درمان واقعی منوط به داشتن اطلاعات کافی در مورد گذشته و سرگذشت و پیشینه بیمار است. همچنین پاسخ به این پرسش که آیا این موارد موروثی است و یا نه؟ شناختن روحیه و خصوصیت کودک باعث می‌شود تا بین ضمیر خودآگاه و ناخودآگاه او پل زده شود، به طریقی که خلاقیت‌های درونی او شکوفا شده و فرد را متحول سازد.

مددکار بدین‌گونه به درک عمیق‌ترین افکار و احساسات در ضمیر ناخودآگاه او دست یافته و آن را ترمیم کند.

گاهی افراد یادمانده‌ها و خاطرات و تفکر خودشان را در خلال سَمُبل‌ها و نمادها بیان می‌کنند. شگرد هنر-درمانگر در این است که حلقه‌های گم شده را که در نهان بیمار است کشف کند.

بعضی از نارسایی‌ها در سیستم بدنی فرد آشکار است که در این صورت باید از طریق مطالعات کروموزومی مسئله را دنبال کرد. البته آزمایشگاه برای این نوع آزمایش‌ها در همه جا وجود ندارد، در این صورت می‌توان با تحقیق در مورد وزن موقع تولد، واکنش‌ها، ونحوه به دنیا آمدن، به مسئله غیر عادی بودن کودک پی برد. خیلی از همین کاستی‌ها چنانچه در کودکی شناخته شود امکان درمان را بیشتر می‌کند.

از آن به بعد، قصه درمانی با استقبال گسترده ای روبرو شد و به عنوان یک روش نوین، پویا، خلاقانه و منعطف شناخته شد. قصه درمانگران سعی کردند با استفاده از قصه‌های مختلف، از جمله قصه‌های سنتی، فولکلور، افسانه، قصه‌های شخص سازی شده، قصه‌های خود ساخته و حتی قصه‌های نوشتاری، به مددجوی خود کمک کنند.

قصه درمانی را می‌توان یکی از روش‌های روان درمانی تعریف کرد که بر اساس این فرضیه کار می کند که زندگی هر انسان یک داستان است و این داستان تحت تأثیر باورها، ارزش‌ها، فرهنگ‌ها و تجارب شخص شکل می گیرد. قصه درمانی به افراد کمک می کند تا داستان زندگی خود را بازنویسی کنند و به جایگزینی معناهای منفی با معناهای مثبت بپردازند. قصه درمانی به ویژه برای کودکان مناسب است چون کودکان دارای تخیل غنی هستند و به راحتی می توانند با شخصیت‌های داستان‌ها ارتباط برقرار کنند.

این فن درمانی همچنین به کودکان فرصت می دهد تا خلاقیت، اعتماد به نفس، تخیل، حافظه و مهارت‌های هوش هیجانی و مهارت‌های زبانی-ارتباطی خود را افزایش دهند، و نیز به آن ها آموزش‌های ارزشمندی در زمینه‌های فرهنگی، اخلاقی، بهداشتی و علمی بدهد.

صه درمانی برای درمان کودکان مزایای بسیاری دارد. برخی از این مزایا عبارتند از:

یک روش نامحسوس و غیر تهدیدآمیز است که می‌تواند به کودکان کمک کند تا به راحتی با درمانگر ارتباط برقرار کنند و به مسائل حساس خود پاسخ دهند.

یک روش خلاقانه و سرگرم‌کننده است که مطابق با سطح توسعه و علاقه کودکان طراحی شده است. قصه درمانی می‌تواند به کودکان فرصت دهد تا بازی کنند، تخیل خود را به کار بگیرند، هوش هیجانی خود را تقویت کنند و خودآگاه شوند.

یک روش شفاف و منطقی است که مبتنی بر نظریات و شواهد علمی است. قصه درمانی مستقل از هر گرایش نظری خاص نبوده و می‌تواند با سایر روش‌های درمان روانشناسی هماهنگ شود.

کتاب حاضر با هدف آشنایی بیشتر با قصه درمانی، به عنوان یکی از روش‌های موثر درمانی برای کودکان، نوشته شده است. در این کتاب، مبانی نظری و عملی انواع و شیوه‌های آن، مراحل و فنون اجرای آن، نقش و مسئولیت‌های قصه‌گو و قصه‌گیر، و معیارهای ارزشیابی و پایش آن بررسی می‌شود. همچنین، نمونه‌های متعددی از قصه‌های درمانی که برای کودکان با مشکلات مختلف طراحی شده‌اند، به همراه تحلیل و تفسیر آن‌ها، ارائه می‌گردد. این کتاب به عنوان یک منبع علمی و کاربردی برای مشاوره، روان‌درمانگری، معلمان، پدر و مادر و هر کسی که علاقه مند به استفاده از قصه درمانی است، تالیف شده است.

امید است با آشنایی بیشتر با قصه‌درمانی بتوانیم کمک کنیم تا جامعه ای سالم داشته باشیم. ما مثل قطرات به هم پیوسته‌ای درون دریایی بی کران هستیم که هر قطره اثری از هستی بر انرژی همه قطرات دارد. هیچکس کامل نیست ولی بعضی از ما با خرد و دانش و محبت، قادرند روان‌های کدر و پر تلاطم و دردآگین را درمان و مدد ببخشند. به هم کمک کنیم تا نهال‌هایی که کج و ناراست هستند را، قبل از اینکه تنومند شوند و نتوان کاری برایشان کرد، برازنده کنیم. هنر جوهری است که می‌تواند در دل‌ها و ذهن‌ها تأثیر بگذارد و فرصت بهینه‌ای به این مدت کوتاه زندگی بدهد.

فصل اول
✳ فرزندان، خوشه‌های زندگی ✳

❀ ❀ ❀

بعد از ماه‌ها انتظار، بالاخره مهمان کوچک خسته وخواب‌آلود پا به جهان هستی می‌گذارد، با دنیایی ناآشنا و فشار هوایی که به ریه‌اش هجوم می‌آورد، و این شرط راه یافتن به سیاره ای به نام زمین است. مهمان عزیز همراه خود کوله باری از ژن‌های نیاکان والدین را هم سوغات دارد، و چیزی مهمتر؛ انگیزه قوی برای زنده ماندن.

والدین برای پذیرایی این مسافر عزیز هر کاری که می‌توانند انجام می‌دهند. بهترینش نشان دادن عشق از طریق در آغوش کشیدن نوزاد است. بوی مادر احساس امنیت به او می‌دهد و طعم شیر، لذیذترین لحظه‌ها را برایش تداعی می‌کند.

مهمترین کار پرورش این مهمان کوچک است که با تولدش ریتم جریان زندگی را کاملا تغییر می‌دهد؛ موجودی با صفات و ویژگی‌های منحصر به فرد خودش. هنر پدر و مادر پرورش فرزندی است که باعث سرافرازی‌شان شود. او ممکن است زشت و یا زیبا، سالم یا با عیب‌هایی در ظاهر، بیش از حد درشت یا ریز نقش، پرجنب و جوش یا ساکت، نق نقو یا خوش خلق باشد. فطرت و ذات هر کسی یگانه است. مادر و پدر به تدریج با روحیه نوزاد و عکس العمل‌هایش آشنا می‌شوند. هر چه بزرگتر می‌شود حالات درونی او قابل تفکیک‌تر است.

بعضی از بچه‌ها واکنش‌های شدید به موضوع‌های ساده دارند، بعضی برعکس. بعضی با تغییر نحوه زندگی سازگارند و خودشان را وفق می‌دهند و بعضی برعکس. کودکانی حساسیت‌های خارجی دارند و یا اگر اوضاع بر

وفق مرادشان نباشد سروصدا می‌کنند و کودکانی کلک جور می‌کنند، بعضی سلطه‌طلب و بعضی به راحتی از گناه دیگران نمی‌گذرند. یکی فردیت نگران دارد و یکی دیر آشناست.

هرکدام مراقبت‌های خاص خودش را لازم دارد. بچه‌هایی که خواب و خوراک و دفع مرتبی دارند برای والدین راحت‌تر و آن دسته که نامرتب و نق‌نقو و نامنظم هستند به مدارا و کار بیشتری نیازمندتر. کم‌کم مادر و پدر درمی‌یابند که نوزاد چگونه شخصیتی را داراست.

کودکی که تمام توجه‌اش به خوردن شیر است و در این هنگامه به هیچ چیز واکنش نشان نمی‌دهد، نمونه‌ای از انسان متمرکز در آینده است و از همان ابتدا می‌توان حالتش را با کودکی که به کوچکترین صدایی خوردن شیر را رها کرده و دنبال منبع صدا می‌گردد مقایسه کرد.

بعضی از کودکان که انرژی زیاد دارند، پر از شوق زندگی هستند، کم می‌خوابند و مدام می‌خواهند بازی کنند، تمرکز کمتری در آینده دارند. گاهی والدین متوجه می‌شوند که کودکشان تا به مانعی برمی‌خورد، از خواسته‌اش می‌گذرد، در حالی که بعضی از آن‌ها در مورد خواسته‌هایشان کوتاه نمی‌آیند، و بعد از اینکه حرفشان را به کرسی بنشانند احساس پیروزی می‌کنند. یکی انعطاف‌پذیر و دیگری کله‌شق است. آن‌ها که پذیرا هستند در آینده دوستان بیشتری خواهند داشت.

در هر صورت، حال و هوای کودک را تا یک سالگی کم‌کم می‌توان دسته‌بندی کرد. در ابتدای راه اگرعادت ناپسندی پیدا کرد، قبل از اینکه ملکه ذهنش شود، می‌توان او را باز داشت. نه با تنبیه بدنی نه با داد و فریاد و خشم بلکه فقط گفتن: نه...نه.

اگر چیزی می‌خواهد که برایش مناسب نیست، نباید اعتنا کرد، حتی اگر پا به زمین بکوبد و جاروجنجال به پا کند. اگر امروز نتوانستید مقاومت کنید در آینده کار مشکل تر می‌شود و از شما می‌خواهد همیشه تسلیم او باشید.

در سن ۲ تا ۳ سالگی وارد دنیای خاص می‌شود. خود-مدار، خود-شیفته، خود-محور، در این زمان بیشتر در حالت اعتراض است. پرسش زیاد دارد و ما همیشه باید پاسخ ساده‌ای به اندازه فهم او در ذهن داشته باشیم، زیرا او نمی‌تواند تجزیه و تحلیل کند.

در یک سالگی صداهایی تولید می‌کند و از شنیدن صدای خودش شگفت‌زده می‌شود. بعد از آن یاد می‌گیرد تا صدایش را کنترل کند. ادای کلمات کوتاه در ذهنش ضبط می‌شود و او قادر می‌شود تا آن‌ها را تقلید کند.

کم‌کم زمینه‌های ذهنی او شکل می‌گیرد. تعریف‌هایی از اشیا و اشخاص برایش آشکار می‌شود و این مفاهیم را به کل هر چه دیده و آموخته مربوط می‌کند. مثلا به همه گربه‌ها پیشی و همه سگ‌ها راهاپو می‌نامد. بهتر است برای بازی با او از اسباب‌بازی‌های آموزشی استفاده کرد. به تدریج با رنگ‌ها و شکل‌های آشنا می‌شود، برای بچه‌ها همه چیز جاندار است، همه اسباب‌بازی‌ها درختان وسایل آشپزخانه...

یکی از تجربه‌هایی که از آن لذت می‌برد، انداختن اشیاء به زمین است. خواه یک توپ باشد و یا یک لیوان و یا یک اسباب‌بازی.

به مرور با اعضای بدنش آشنا می‌شود. اگر بپرسید دستت کو؟ دستش را نشان می‌دهد و یا چشمش و دیگر اعضا را. متوجه حرف‌ها می‌شود. هرچند که همه آن‌ها را نمی‌تواند تکرار کند. در این سن می‌شود به او دستور داد تا چیزی را بیاورد، ولی بیشتر از یکی قادر نخواهد بود به خاطر بسپارد. سطح توقع ما هم از کودک باید منطقی باشد. موسیقی، بخصوص موسیقی کلاسیک، بر روی رشد درک‌اش اثر زیادی دارد. اگر موسیقی توام با رقص باشد هم در رشد عقل و هم ذهن و هم بدنش موثر است.

اسباب‌بازی‌های این گروه سنی باید ساده باشند. خانه سازی، برج سازی و خمیر یا شن‌بازی به او مهارت‌های خوبی می‌دهد. دوست دارد از بلندی بالا رود، از پله و یا مبل، و سپس احساس پیروزی کند. اگر در حمام برایش اسباب‌بازی ببریم سرگرم می‌شود و از حمام کردن لذت می‌برد.

کتاب بهترین دوستی است که می‌توانید با او آشنا کنید. در آینده به این دوست احتیاج زیادی خواهد داشت و بهترین همدمی که در زمان‌های مختلف می‌تواند داشته باشد. وقتی سوالی دارد، بهتر است گفته شود: بگذار توی کتاب بگردیم و ببینیم جوابش چیست. این‌گونه برای پاسخ پرسش‌هایش مراجعه به کتاب را یاد می‌گیرد. در همه حال درآغوش کشیدن و غرق در بوسه کردن فراموش نشود، این یکی از مهمترین نیاز کودک است.

بچه وقتی سه ساله می‌شود دوست دارد جلوی آیینه بنشیند، شکلک در بیاورد و خودش را تماشا کند. از دیدن حیوانات هیجان زده شود و دوست دارد صدایشان را تقلید کند. شنیدن موسیقی برایش دلپذیرتر می‌شود و در

کشیدن نقاشی مهارت بیشتری پیدا می‌کند. با پازل‌ها سرگرم می‌شود. دوست خیالی پیدا می‌کند و برایش داستان‌های خیالی تعریف می‌کند.

از سه سال به بعد پرسش‌هایش بیشتر می‌شود. می‌خواهد در مورد اطرافش هر چه می‌بیند بداند. بهتر است از یک سالگی قصه‌های تصویری را از روی کتاب برایش خوانده شود، کتاب‌هایی با محتوای دوستی و صلح با انسان‌ها و حیوانات. محتوای قصه‌ها باید شاد و زندگی بخش و سازنده باشد.

چگونه کتاب بخوانیم ؟

برای خواندن کتاب بهتر است آداب و رسوم خاصی برقرار کنیم. مثلا او را بر روی زانو بنشانیم، طوری که در آغوش ما باشد، هر صفحه ای که تمام شد از او بخواهیم تا ورق بزند. این محیط آرام و لذت بخش سبب می‌شود تا با کتاب انس و الفت برقرار کند. ممکن است که در ابتدای قصه راه بیفتد و برود دنبال بازی‌اش، ولی گفتن قصه باید ادامه پیدا کند. ادای صحیح واژه و کلمه‌ها را به این طریق یاد می‌گیرد. دوست دارد چراغ‌ها را روشن و یا خاموش کند و همینطور وسایل صوتی و تلویزیون را.

از این سال به بعد رفته رفته مسئله مقایسه برایش مطرح می‌شود. متوجه باشیم بچه‌های دیگر را در جلوی او خرد و کوچک نکنیم. این کار سبب می‌شود در نوجوانی به بعد غرور کاذب پیدا کند و برای دیگران ارزش و احترامی قایل نشود.

در سال‌های اولیه، تصویری که کودک از پدر و مادر در ذهن دارد از روبروست، برای همین وقتی با آن‌ها صحبت می‌کند سرشان را بطرف خودش می‌گرداند. اگر مادر آرایشش را عوض کند یا پدر کلاه بگذارد یا سبیل بگذارد و به هر ترتیب قیافه‌اش عوض شود، کودک وحشت می‌کند، احساس می‌کند ارتباطش با آن‌ها قطع شده، که البته بعدها به خاطر تجربه‌های روزانه این حالت برایش عادی می‌شود.

به تدریج مالکیت برایش ارزش پیدا می‌کند. اسباب‌بازی‌هایش را بخصوص آن‌هایی که عزیزترند با خود به اینطرف و آنطرف می‌برد. مدام آن‌ها را چک می‌کند، وقتی به خانه رسید اولین کارش سر زدن به وسایلش است.

هرگز نباید به کودک دروغ گفته شود، زیرا به والدینش اعتماد دارد و خوش‌باورانه به اطرافش نگاه می‌کند.

بعضی از بچه‌ها لکنت زبانی دارند و در گفتن کلماتی دچار وقفه هستند. بعضی از بچه‌ها خشمگین هستند و خواسته‌هایشان را با خشم بیان می‌کنند، به این حالتش نباید زیاد اهمیت داد. پاسخ به خواسته‌ها باید همیشه با آرامش و شمرده باشد تا ادای درست کلمات را بیاموزند.

بعضی از بچه‌ها چپ دست هستند، نباید آن‌ها را به راست دستی وادار کرد، اصرار در این کار ممکن است سبب لکنت زبان کودک شود.

زبان و تکلم مربوط به مفاهیم و جملات است و هیچ ربطی به صوت و سخن ندارد. اگر کودکی نتوانست بعضی از کلمات را ادا کند به این معنا نیست که لکنت زبان دارد. در چنین مواردی برای این که بچه دچار خود-سانسوری و تردید نشود، بهتر است وانمود کنیم اتفاق خاصی در جریان نیست. از طرف او حرف نزنیم. در مورد خواسته‌اش از دیگران، خودمان را در میان نگذاریم. بلکه، خیلی آرام فرصت دهیم تا گویشش درست شود. به هیچ وجه نباید کودک از این بابت شرمنده شود.

به نظر می‌رسد از سن دوسالگی به بعد میل جسمی کودک در منطقه دهان و میل جنسی او در دفع شکل می‌گیرد. یکی از مهم‌ترین کارها این است که به کودک اجازه داده شود با طبیعت خودش به رشد کامل برسد. اعتراضی نداشته باشیم. اگر پدرومادر برخورد مناسبی نداشته باشند، کودک دفع خود را تا آنجا که ممکن است نگه می‌دارد و این باعث یبوست او می‌گردد. در این حالت بچه ناراحت است و مدام گریه می‌کند. آسیب فیزیکی دستگاه گوارش موجب اخلال در روده می‌شود. ولی زیان روحی آن بسیار بزرگتر است. بعضی از روان‌شناسان بر این عقیده هستند که خصلت خسیس بودن به دوران کودکی فرد مربوط است، به خود-داری در مدفوع و دگرگونی در تخلیه در زمان کودکی. خسیس بودن در اموال، در بیان احساس، عشق و حتی عاطفه.

اگر کودک احساس بدی داشته باشد، در سیستم عصبی و مغزی‌اش شادابی کم می‌شود. بجای نشاط، خشم و عصبانیت و پافشاری در خواسته‌های بحق وناحق‌اش زیاد می‌شود. این حس در ابتدای زندگی بدون هزینه نیست، به نظر می‌رسد که خشم و عصبانیت و سختگیری از همین معضل سر چشمه می‌گیرد. برخوردهایی از جنس تعصب و جنگ و جدال و کینه توزی و حتی بدجنسی از این زمان آغاز می‌شود. این افراد غالبا لجباز و یک‌دنده

و کینه توز می‌شوند و معمولا سر موضع خودشان ثابت می‌مانند. ممکن است این خود نگهداری دفع در کودک به نوع دیگری خودش را نشان دهد، ساعت‌ها در حمام و دستشویی می‌ماند.

در بزرگسالی بیش از حد مراقب نظافت می‌شود، آن‌قدر که به حد وسواس می‌رسد، نه تنها در مورد نظافت، بلکه در آینده کاری‌اش اثر می‌گذارد. پرونده‌ها را پیش خود نگه می‌دارد. کارت‌های غیر ضروری را قایم می‌کند. این کودکان چون عمل دفع را بسیار دردآور و ترسناک تجربه کرده‌اند، احساس می‌کنند قربانی‌اند و مردم با آن‌ها خوب رفتار نکرده‌اند، اسیر جزییات می‌شوند.

آموزش دستشویی فقط یک آموزش است و دلیلی بر انضباط نیست. بعضی از پدر و مادرها یا مربیان فکر می‌کنند باید بچه را به یک انضباط از قبل تعیین شده وادار کرد. ولی انسان‌ها گوناگون هستند. توجه به خلق و خوی کودک اهمیت زیادی دارد، چه بهتر که برایش هدیه و جایزه ای هم در نظر گرفته شود. باید مطمئن شویم از نظر روحی آماده است. در این وقت قصه‌هایی در این مورد برایش تعریف کنیم. زمان آن چه وقت بهتر است؟ از یک سالگی به بعد.

اسباب‌بازی

اسباب‌بازی سهم بزرگی در پرورش کودک دارد و بهترین طریقه آموزش از همین بازی با اسباب‌بازی صورت می‌گیرد. کودک از ۴ ماهگی با دست و پاهایش بازی می‌کند. پس از آن به اسباب‌بازی توجه می‌کند. رنگ و صدا او را جذب می‌کند. اسباب‌بازی در این سن باید ساده باشد. اگر چند کار را انجام دهد کودک دچارسردرگمی‌می‌شود. نباید همزمان چند اسباب‌بازی در اختیارش قرارداد. وقتی حوصله اش از یکی سررفت دیگری را به او بدهید. به این صورت کشف و تجربه اش کامل ترمی‌شود.

داشتن آزادی عمل در بازی مهم است. نباید در مورد نوع بازی و چگونگی آن بچه را وادار کرد، این‌جوری با این بازی کن و یا بازی با این بس است و ...

این نکته را باید در نظر گرفت که بازی برای کودک از مهمترین کارهاست. توقف دادن بچه از بازی باعث آزار او می‌شود.

بازی نه تنها سرگرمی و آموزش بلکه سبب تخلیه روح می‌شود. اسباب‌بازی‌هایی که جنگ و جدال را اشاعه می‌دهند، بسیار خطرناک اند. بچه‌ها زندگی کردن را از بازی می‌آموزند. برای همین چنان در بازی غرق می‌شوند که از محیط و زمان غافل می‌شوند.

کودک در این سن تکرار را دوست دارد. موسیقی‌هایی که نت تکرار شونده و شعرهایی که تکرار در ریتم دارند برایشان دلپذیر است. این نوع سرگرمی اهمیت زیاد دارد و بهتر است برایشان مهیا شود. اگر امکان رشد به صورت صحیح داده نشود، کودک پر از خشم شده و رفتاری بی اعتنا و یا دفاعی به خود می‌گیرد.

دروغگویی در کودکان

مسئله نگران‌کننده برای والدین جنبه اخلاقی ماجراست. ترس از دردسر و آسیب‌های احتمالی درون خانه و خارج از خانه و نبود نظارت از وقوع حوادث در محیط اطرافش، والدین را به ترس وا می‌دارد.

در این صورت با رفتار آگاهانه می‌توان به آن پایان داد. گاهی با شنیدن یک دروغ کوچک از او چنان قضاوت کرده که انگار تیشه به ریشه عقاید زده است. در حالی که بهتر است او در مقابل دروغگویی‌هایش محاکمه نشود. باید در نظر داشت خیلی از وقت‌ها کودک برای این‌که اطرافیانش را از خودش ناامید نکند به این کار رو می‌آورد.

تصویر برداری و ضبط تمام اطراف

این موضوع از دیگر خصوصیت‌های کودک از جهان پیرامونش است. مثل یک دوربین فیلم‌برداری، در تمام مدتی که با دیگران است ضبط می‌کند، هرچند که ممکن است بزرگترها متوجه نشوند. کم‌کم صحبت‌های بزرگترها را می‌فهمد. نمادهایی که از اطراف برای خودش درست کرده واقعی‌تر می‌شود. پرسش‌هایش هم دقیق‌تر می‌شود .

زمان ۴ سالگی سن مالکیت است. نباید اسباب‌بازی و وسایلش را بدون موافقتش به کسی دیگر داد. بعضی از کودکان وقتی با لگو و یا اسباب‌بازی‌هایی نظیر آن چیزی ساختند، دوست ندارند که راحت خراب شود. می‌ترسند نتوانند دوباره نظیر آن را بسازند. در این حال برای تشویق کودک بهتر است از ساخته‌اش تمجید شود.

از سن ۲ سال و نیم به بعد دوست دارد با تلفن صحبت کند. بهتر است برای بازی یک تلفن اسباب‌بازی برایش تهیه شود. کم‌کم علاقمند می‌شود از وسایل حقیقی بزرگترها تقلید کند، کفش و عینک و سایر وسایل.

همبازی بودن با کودک شراکت در دوستی را برایش ارزشمند می‌کند. بدون همبازی و همکلاسی و دوست یادگیری سخت است .

فرزند دوم

برای داشتن فرزند دوم باید خوب وضعیت خود و خانواده و شرایط را سنجید. مناسب ترین زمان از سه سالگی فرزند اول تا چهار سالگی است.

می‌توان از کودک پرسید آیا دوست داری یک خواهر یا برادر کوچک داشته باشی؟ احتمالا موافقت می‌کند هرچند که بعد از تولد کوچولو نظرش منفی خواهد شد.

باید توجه داشت که آمدن فرزند جدید کار را دو برابر نمی‌کند، بلکه چند برابر می‌کند. مراقبت از تازه رسیده در حالی است که کودک اول همه چیز را قبضه کرده. بهتر است با او در مورد کمک و همراهی‌اش در کارها صحبت کرد، ولی نباید از او مسئولیتی خواست.

کودک ناگهان متوجه می‌شود همه موقعیت‌هایش در خطر افتاده است. در میان داستان و قصه‌ها باید برایش توضیح داده شود که یک دوست خوب که همیشه در خانه در کنارش است برایش آمده و چنان‌که کمی بزرگتر شد، می‌تواند همبازی خوبی برایش شود، و همینطور از آمدن خواهر و برادر از کودکانی که می‌شناسد و مزایای داشتن آن برایش می‌توان توضیح داد. کودک درمیابد که این معضل فقط مربوط به خودش نیست و این قصه در مورد اطرافیان هم وجود دارد.

بچه اول، که خودش را فرمانروای خانه و مرکز توجه می‌دید، حالا موجود حقیر و کوچکی را می‌بیند که کاخ او را با خود قسمت کرده است. ممکن است بچه اول علاقه پیدا کند دوباره با شیشه شیر بخورد و یا حتی شب ادراری پیدا کند. او این پیام را می‌رساند که من هم مراقبت ویژه می‌خواهم. در این موارد نباید گفت که تو بزرگ شدی و این کار عیب است، زیرا ممکن است انگیزه رشد و بزرگتر شدن از او گرفته شود. در این شرایط بهتر است گفته شود «بزودی کوچولو مثل تو می‌شود، بزرگ و توانا.»

پژوهش‌هائی که صورت گرفته نشان می‌دهد بچه‌های تک در آینده تنهایی زیادی تجربه می‌کنند، برای همین تک فرزندی توصیه نمی‌شود. اینگونه کودکان ممکن است خود–محور و خود–مدار بمانند، و چون همیشه با بزرگترها مماشات داشته اند، از بچه‌های همسن و سال خود بزرگتر به نظر برسند.

این بچه‌ها برای تجربه اندوختن شخصی، فرصت کمتری دارند. در عین حال به دلیل تنها بودن بلدند که خود را سرگرم و مشغول کنند. گاهی احساس حسرت می‌کنند که چرا در این دنیا تنها هستند.

با رابطه‌های برابر آشنا نیستند. به نظر می‌رسد با بچه‌هایی که از نظر سنی بزرگترند رابطه بهتری دارند. این ویژگی‌ها بیشتر مربوط به کودکان اول و یا تک فرزندی است.

تجربه بچه اول همیشه مترادف تجربه‌های نخست کل خانواده است. مثلا بازی‌های جدید، گرفتن دیپلم، دریافت گواهینامه و کسب مهارت‌هایی که برای اولین بار در خانواده مطرح می‌شود.

بچه اول الگوی خوبی برای دومی خواهد بود، زیرا وقتی بچه اول پا به این جهان می‌گذارد نظم زندگی را از والدین خود می‌گیرد، در حالی که بچه دوم بیش از پدر و مادر، از خواهر و برادر بزرگتر می‌آموزد. بچه اول بیشتر مورد توجه و محبت پدر بزرگ و مادر بزرگ‌ها قرار می‌گیرد، و همه انتظارهای زیاد تری از او دارند. از او عکس‌های بیشتری گرفته شده و اثر گذارتر می‌شوند. معمولا خط رهبری به او داده می‌شود، چون مدام با این نظریه بزرگ می‌شود که تواناتر و داناتر است و بهتر می‌فهمد، چون بزرگترست، و کودک اول در می‌یابد که می‌بایست این امتیاز را برای خودش نگاه دارد.

هر چند که با آمدن کودک دیگر در خانه آسیب می‌بیند، اگر کودک بعدی را به صورت رقیب ببیند می‌تواند به او آسیب برساند، و اگر از خودش توانمندتر ببیند ممکن است یاغی شود.

بچه اول از نظر فلسفی و مذهبی محافظه‌کارتر است و مسئول. زبان مادری را با وسعت بیشتری یاد می‌گیرد. نقش و رُل مظلوم را بیشتر بازی می‌کند و نیاز به کمک را بیشتر حس می‌کند. اکثرا مهر-طلب هستند.

بچه‌های کوچک خانواده معمولا کم مسئولیت هستند و وابسته. بعضی از آن‌ها کنترل خانواده را در دست می‌گیرند. مدافع خانه و نگاه‌دارنده پدر و مادر هستند. این بچه‌ها به دلیل این که ضعیف‌ترند و امتیازهای کمتری داشته اند، خشمگین ترند. معمولا برای ازدواج عجله‌ای ندارند.

در خانه‌هایی که سه فرزند هست، معمولا اولی و سومی با هم ائتلاف می‌کنند. معمولا کودکان سوم زودتر به امور خارج از خانه و اجتماع آشنا می‌شوند. فرزند دوم در خانواده سه فرزندی توجه کمتری دریافت می‌کند، چون قبل از او اولی تمام توجه‌ها را گرفته و تا می‌آید که خودش را نشان دهد سومی آمده است. گاهی غر می‌زند و گاهی شکوه می‌کند که در این خانه جایگاهی ندارد. به همین جهت ممکن است گرایش منفی پیدا کند. گاهی منزوی می‌شود و زمانی سعی می‌کند دوستانی خارج از خانه پیدا کند.

خانه‌هایی که بیش از چهار فرزند دارند، بچه‌ها خودشان راه اداره خود را پیدا می‌کنند. ممکن است به خاطر توجه کمتر پدر و مادر از نظر روابط و ایجاد دوستی دچار اشکال شوند. روابط فرزندان اکثرا سطحی و گذراست. نوعی واحد اجتماعی به حساب می‌آید نه خانواده. پژوهشگران معتقدند در خانواده‌های بیش از پنج نفری احتمال خلافکار شدن یکی از آن‌ها بیشتر است .

در سنین سه سالگی هوش و قوه تخیل رشد کرده است. خردسال می‌تواند دنیای اطراف را چنانچه مورد دل‌خواهش نباشد در درون مبدل به دنیایی موافق طبعش بسازد. با این حس تخیل رشته‌های عاطفی خود را می‌سازد.

هوشمندی

هوش تعریف‌های زیادی دارد از جمله تنوع در سازش. تنوع در سازش مربوط به حافظه و تجربه واقعیت‌های خارج از خانه است که به آموزش چگونگی همراه شدن با جامعه و مقابله با جریان‌هایی که در مسیر زندگی قرار می‌گیرند را می‌دهد، به این معنا که بهترین پاسخ و واکنش به تحریک‌های داخلی و خارجی و طرح‌هایی که برای مواجه شدن با آن باید به کار گرفته شود.

بچه یاد می‌گیرد در مواجهه با مشکلات چه واکنش‌هایی داشته باشد. تکمیل این مهارت‌ها تا ۱۸ سالگی ادامه می‌یابد. فرصت رشد دادن به کودک این گونه میسر می‌شود؛ دیدن انیمیشن‌های زیبا، رفتن به باغ وحش و دادن پاسخ درست به پرسش‌هایش، رفتن به سفر، دیدن کارگاه‌ها و کارخانه‌ها، پارک‌ها، موزه‌ها، استخر، ورزشگاه و... یادمان باشد بچه احتیاج به فضا دارد، و دامنه طبیعت بهترین فضاست.

در ۷ سالگی ارتباط با اداره کل بدن در دست کودک قرار می‌گیرد. بدن به فرمان‌های او به درستی عمل می‌کند. ابراز عمل با دستورات ذهن صوت می‌پذیرد.

هوش وصف شرایط حسی

بعضی‌ها نمی‌توانند بیان واضحی از حال و روحیه خود داشته باشند. این معضل حتی در بزرگسالان هم دیده می‌شود که توانایی هوشی درستی از شرایط بدن و روحیه خود ندارند. حتی آگاهی و کنترل فعالیت‌های ذهنی خود را هم دارا نیستند. نمی‌دانند خوشحالند، یا هیجان زده، غمگین‌اند یا مضطرب. در حالی که افرادی که از این هوش برخوردارند آگاهی کاملی از احساس و اندیشه خود وحتی دیگران دارند.

هوش کلامی یا سخن گفتن

بعضی از جریان ذهن خود باخبرند ولی نمی‌توانند آن را بیان کنند. این افراد در نوشتن هم دچار اشکال می‌شوند. آن‌هایی که هوش کلامی دارند اشتیاق به کارهایی مثل معلمی دارند و بیشتر اهل مطالعه هستند.

هوش ریاضی و مکانیکی و منطقی

دقت فراوانی در اندازه و محاسبه دارند. آن‌ها می‌توانند رابطه خوبی با اشکال و ابعاد و حجم‌ها داشته باشند. از ابزارهای موجود در اطراف خود برای ساخت و ساز استفاده می‌کنند.

هوش شناخت دیگران و احساس‌های درونی افراد دیگر

بعضی‌ها می‌توانند خودشان را جای دیگری بگذارند و حالات و روحیه آن‌ها را درک کنند. داشتن چنین ویژگی باعث می‌شود از نظر اجتماعی موفق بوده و در مشاغل مختلف در هماهنگی با دیگران عمل کنند. داشتن هوش هیجانی یکی از ویژگی‌های شغلی محسوب می‌شود.

هوش درک فضایی

کسانی دارای این هوش هستند که فواصل و ابعاد را خوب تشخیص می‌دهند. کمتر درگیر تصادف می‌شوند. حتی در مورد تخیل هم به راحتی اندازه‌هایی را که در ذهن دارند بیان می‌کنند. روان‌شناسان معتقدند اینگونه افراد خواب و رؤیاهایشان هم روشن‌تر و واضح‌تراست. نسبت به طرح و نقش و رسم درک قابل قبولی دارند.

هوش طبیعت

این افراد عناصر زنده حیات را بهتر درک می‌کنند. نوع نگاهشان به طبیعت و جانداران و آنچه که در طبیعت وجود دارد به گونه‌ای دیگر است. از مواهب دنیا لذت می‌برند. از نوعی ظرافت و لطافت طبع برخوردارند. به نقاشی و آشپزی علاقمندند... بعد از ۵ سالگی شرایط اجتماعی کودک متفاوت می‌شود. از این سن به تفاوت‌هایی که بین خودش و دیگران است توجه می‌کند. مایل است که از خودش جای پایی بگذارد، آغاز گر باشد و جهان را به گونه ای که درک می‌کند مجسم سازد. از این به بعد اگر وارد مرحله مثبت یا منفی شود، ادامه‌اش می‌دهد.

روان‌شناسان کودک بر این باورند که حالت روحی کودک از سن۳ تا ۷ سالگی همگام با رشدش هر شش ماه دچار تغییر می‌شود. مثلا وقتی به سن ۳ تا ۳/۵ساله می‌رسد، کنجکاو و فعال است. دوست دارد با دیگران بازی کند. فرصت برای یک جا ماندن ندارد. پر از تخیل و شادی است. صدای خنده‌اش فضا را پر می‌کند. همبازی برایش نقش حیاتی دارد، ولی کماکان به مادر و پدر می‌چسبد. دراین سن کم‌کم می‌تواند کمی در خانه کمک کند. اسباب‌بازی‌هایش را بعد از بازی جمع کند. اگر از دستورات شما سرپیچی کرد، برای این است که شما را محک بزند. گاهی لجباز می‌شود و خواسته‌اش را تکرار می‌کند. این‌ها برای این است که بفهمد آیا هنوز دوستش دارید یا نه.

در این زمان از غریبه‌ها فراری است. اگر با آشنایان مواجه شدید، دوست دارد دیده نشود و نگاه کردن به دیگران هم از پایین تنه به طرف زمین صورت می‌گیرد. دوست ندارد به چشمان کسی نگاه کند. سلام را فراموش می‌کند، چون تعمدی در کار نیست نباید سرزنش شود.

۶ ماه بعد حالت اش عوض شده میل به گوشه‌گیری پیدا می‌کند. تصوراتش بد و منفی می‌شود. طلبکار و ناراضی است، ولی به ۴ سالگی که رسید دوباره حال و هوای دیگری پیدامی‌کند. به واقعیات نزدیک می‌شود. دوست دارد نقش بازی کند، نقش‌هایی مثل فروشندگی، پستچی، رانندگی، سلمانی، دکتر، آتش نشانی، مامور پلیس و از این قبیل شغل‌ها و بدین گونه مهارتش را افزایش می‌دهد. خلاقیت‌اش را می‌توانید ببینید که چطور با اسباب‌بازی‌ها و چند شیء وسایل می‌سازد. از این سال به همبازی احتیاج دارد. دوست دارد همبازی هم‌سن و یا نزدیک به سن خودش را داشته باشد، نوعی رقابت در او شکل می‌گیرد.

والدین می‌بایست حتما از مقایسه کردن کودکان اجتناب کنند، زیرا حُقد و حسادت و حقارت در این زمان در کودک به وجود می‌آید. فراموش نکنیم در مسابقات باید کوشش‌ها را تشویق کرد، نه برد و باخت‌ها وگرنه فلسفه (زندگی فقط جنگ است) در ذهنش پیدا می‌شود و همیشه نسبت به همه چیز به حالت جنگ نظر می‌کند. در این سن و سال کودکان بازی را بدون در نظر گرفتن قوانین و قاعده بازی می‌کنند و برای خودشان آزادی عمل دارند.

با وارد شدن به چهار سال و نیم، او قادر است که حریم‌ها را بیاموزد. باید توجیه شود که بعضی از خط قرمزها را رعایت کند. اوقاتش به هم می‌ریزد، ناآرام می‌شود، مرتب مخالفت می‌کند. ممکن است لگد بزند. وقتی کار نادرستی انجام می‌هد، فرار می‌کند. گاهی حرف‌های ناشایست می‌زند. مسخره می‌کند و شاید گریه‌های بی دلیل. خبرچین و یک‌دنده می‌شود. اگر خواسته‌هایش پاسخ داده نشود تلاشش را بیشتر می‌کند.

این در حالی است که در ۵ سالگی تبدیل به یک فرشته می‌شود. تولد اجتماعی‌اش شروع می‌شود. نیازمندی دیگران را درک می‌کند. می‌تواند همذات پنداری کند و خودش را جای دیگران بگذارد. با حسن‌نیت دوست دارد به دیگران کمک کند. انعطاف پذیر و سازگار است. به خاطر خوش خلقی اش محبوب دیگران می‌شود. دوست دارد یاد بگیرد و مونس مادر می‌شود. مدت‌ها جلوی آینه می‌ایستد و خودش را تماشا می‌کند و حتی با خودش حرف می‌زند. عاشق تقلید کردن است. لباس مادر و یا پدر را می‌پوشد و سعی می‌کند جا پای ایشان بگذارد. این زمان بهترین فرصت است که پدر و مادر آداب غذا خوردن و معاشرت را به او بیاموزانند. اشتباهش را گوشزد کنند، ولی همواره با این آگاهی که در حضور دیگران نباشد. حالا دیگر به هم‌بازی معمول بسنده نمی‌کند، دوست دارد برای خودش دوستی داشته باشد. در این سن رهبری، شهامت و خلاقیت شکل می‌گیرد.

وقتی به پنج سال و نیم رسید، دوباره اوضاع روحی کودک به هم می‌ریزد. گوشه‌گیر می‌شود. کارهایی که قبلا می‌کرد، نظیر حمام و مرتب کردن اتاق، همکاری در چیدن میز و یا انجام کارهای دیگر، را سر باز می‌زند. خسته به نظرمی‌رسد، بر خلاف همیشه کنار مادر و پدر نمی‌ماند. انتظاراتش زیاد و گاهی غیر قابل اجراست. چیزهایی را به اصرار می‌خواهد. هم خودش را آزار می‌دهد و هم دیگران را. دوست دارد برنده باشد و ممکن است برای آن تقلب هم بکند. بد اخلاق وخرده‌گیرمی‌شود. این ایام برای او و نزدیکان تنش زا است.

در ۶ سالگی این گرفتاری به پایان می‌رسد، کودک خوش خلق و خوش رفتار می‌شود. بهترین وقت برای آموزش‌هاست. ورزش‌هایی که مهارت بدنی اش را زیاد کند. آموختن موسیقی، و هنرهایی که علاقمند است. مدام می‌پرسد و دوست دارد بداند.

در هفت -هشت سالگی دوباره بحران خاص این سن و سال شروع می‌شود، ولی پدر و مادر درک می‌کنند که این افت و خیزها در اکثر کودکان وجود دارد و باید برای گذر از این زمان صبر و حوصله به خرج بدهند. در این سن کودک خود را دوست داشتنی نمی‌بیند. وسایل خود را جا می‌گذارد، حواسش پرت است، احساس می‌کند بزرگترها حقش را پایمال می‌کنند و خواهر و برادرهایش باعث دردسرش هستند. حتی رفتار پدر و مادرش منصفانه نیست. معلمش در حق او بی‌انصافی می‌کند. دلش می‌خواهد از خانه برود و پیش بچه‌هایی که فکر می‌کند خوشبخت تر هستند زندگی کند. قهر می‌کند و خشم دارد. البته این دوران در هشت سالگی کم‌کم پایان می‌پذیرد. در ۴ سالگی ابتکار و تقلید در بازی‌های روزانه مشاهده می‌شود، خاله بازی، بازی‌های ذهنی و امثال آن...

ولی تقریبا همه روان‌شناسان معتقدند بهتر است اسباب‌بازی‌هایی که به هر صورت، چه فیزیکی و چه مجازی، بوی جنگ و ویرانگری و کشتار را می‌دهد از دسترس کودکانمان خارج کنیم .

در سن ۴ سالگی مالکیت به حدی در می‌آید که کودک علاقه‌مند می‌شود به گونه‌ای بین پدر و مادر قرار گیرد. وقتی که هر دو را در کنار هم ببیند، به خصوص اگر نوزادی سر و کله‌اش در خانواده پیدا شود، احساس حسادت و رقابت بسیار زیاد می‌شود. او که این محبت و عشق را در انحصار خویش داشت حالا همه می‌آیند و برای نوزاد تازه رسیده هدیه می‌آورند و در آغوشش می‌گیرند. کودک در این مرحله آزار می‌بیند.

بحران‌های دوران کودکی اثر بسیار مخربی در آینده کودک می‌گذارد. انسان‌های شکاک و ناپایدار از همین دوران دچار آسیب شده‌اند. کودکانی که از محبت مادر بی‌بهره‌اند، خشم و عصبانیت با خود حمل می‌کنند و این حالت به صورت نوعی عقده در وجودشان شکل می‌گیرد. بعضی از دختر و پسرهایی که تمایلی به ازدواج با همسران اختلاف سنی زیاد دارند، احساس ناخوشایندی مثل نگرانی، اضطراب، حالت بخصوصی که هم حس خوب و هم

بد را در یک زمان پیدا می‌کنند، فریبکاری، پنهان کاری و از این قبیل معضلات که در آینده رنج زیادی را تحمیل می‌کند، بیشتر زاییده دوران سختی است که افراد در این مرحله طی کرده‌اند، بخصوص از محبت مادر سیر نشده‌اند.

در ۴ تا ۵ سالگی کم‌کم با مفهوم شماره و عدد آشنا می‌شود. مسئله شب و روز، و وعده ناهار و شام و صبحانه، همین طور فصل‌ها، رنگ‌ها، و شکل‌های هندسی را تشخیص می‌دهد. بنابراین آموزش خواندن و نوشتن را می‌توان شروع کرد. نخست، می‌بایست نوشتن را از راست به چپ، و بعد زبان دیگری که مد نظر پدر و مادر است آموزش داده شود. در این سن سؤالات زیادی مطرح می‌کند. مثلا چرا دریا آبی است؟ آتش از چی به وجود می‌آید؟ برق چطور از سیم عبور می‌کند؟ چرا سگ دم دارد ولی آدم ندارد و...

بیشتر کودکان دوست دارند مطالبی را از بر کنند، شعرهای کودکانه زیبا که پر از امید و سازندگی و همین‌طور اشعاری که وصف زیبایی‌های طبیعت باشد. همچنین، می‌توان شماره تلفن، آدرس منزل و چیزهایی از این نوع را در اختیارش گذاشت تا از بر کند.

تشویق و تنبیه – اگر زمانی کودک کاری کرد که درست نبود، یا حرف ناشایستی زد و یا حرکات نادرستی را مثل جیغ کشیدن، ناخن جویدن، خرابکاری، گل و باغچه را لگد کردن را به عمد انجام داد، بدون هیچ واکنشی بهتر است تذکر داده شود. اگر ادامه داد اخطار، و اگر باز هم گوش نکرد می‌توان از چیزهایی که دوست دارد محرومش کرد.

در مورد کارهای خوب و پسندیده بهتر است برایش کارت‌هایی تهیه شود. هر بار که کار خوبی انجام داد، یک کارت آفرین به او داد. هر ده کارت آفرین مثلا یک اسباب‌بازی و یا یک امتیازی که دوست دارد به او داده شود.

بسیاری از روان‌شناسان کودک بر این عقیده هستند که دادن پول اثر بخش است، زیرا کودک راه‌های دریافت و معامله با پول را پیدا می‌کند. در هر صورت چه هنگامی که تنبیه و یا تشویق می‌شود، باید او را از محبت خود مطمئن ساخت. کودک باید بداند که بسیار دوست داشته و حمایت می‌شود.

بعضی روانشناسان معتقدند چنانچه جداولی برای کودک بر روی کاغذ رسم شود و در ازای هر کار خوب یک ستاره در آن جدول ثبت شده و هر وقت کار بدی انجام داد یک ستاره از آن برداشته شود نیز مفید است. چرا که طفل سعی می‌کند در جهت پر کردن جدول از ستاره‌ها امتیاز بگیرد و هدیه اش را دریافت کند. این‌گونه نظم و ترتیب، همکاری پیش می‌گیرد و تبدیل به عادتش می‌شود و این کم‌کم ملکه ذهنش می‌شود .

در قصه‌هایی که برایش گفته می‌شود باید به مواردی اشاره کرد از این قبیل که هر کس در این دنیا مسئولیتی دارد، هر کس برای کاری ساخته شده و باید آن را انجام دهد. یکی نانوا، یکی پزشک، یکی راننده، همه و همه باید تلاش کنند و پول و امتیاز دریافت کنند.

در مورد تنبیه کودک، در نظر گرفته شود که کودک را باید در همان حین انجام کار ناشایست گوشزد کرد، نه این که بگوییم بگذار برسم خانه... یا اینکه برای اشتباهی که دیروز کرده، امروز تنبیه شود و نباید هرگز جلوی دیگران کودک را تنبیه کرد.

بعضی از مادران تنبیه کردن را به عهده پدر می‌گذارند. این نوع تهدید که: بگذار بابا بیاید به او می‌گویم که چه‌کار کردی... کودک درمی‌یابد که مادر از تنبیه کردن ناتوان است. ضعیف است، پدر قدرتمند است، و وقتی مادر گزارش کار را به پدر می‌دهد، کودک فکر می‌کند مادرش فریبکار و دروغگوست. در حالی که مادر، پدر عزیزش را تبدیل به موجودی تنبیه کننده و خشن کرده، عصبانی می‌شود. حتی اگر مادر گزارش کار را به پدر ندهد باز بچه فکر می‌کند او آدم دروغگویی است.

همیشه فقط یک نفر منع کند، یا پدر یا مادر و تمام شود. فراموش نشود که خطا و اشتباه در همه ما و همه وقت سر می‌زند، به همین دلیل باید منصف بود و این را در نظر داشت که کودک برداشتی درست از خوب و بد نداشته و خطا کرده است. وجود آزادی و آزادی عمل در زمان کودکی بسیار مهم است. اگر مرتب بکن و نکن و راه و روش سختگیرانه ای را مد نظر بگیریم یک انسان برده و بنده به جامعه تحویل داده است.

فصل دوم

❊ هنر در خدمت درمان ❊

گاهی انسان‌ها با یک نقص پا به دنیا می‌گذارند و گاهی در نشیب و فرازهای زندگی به دام بلا افتاده و ناقص و ناتوان می‌شوند. بعضی از مشکلات و کمبودها از ابتدا مشهود هستند و بعضی با شک و تردید، که می‌توان از طریق آزمایش و تشخیص از طریق کروموزوم‌ها به آن پی برد. برای رها شدن از این معضل به دانش و تجربه و تدبیر نیاز است. اگر کودکی ۹ ماهه به دنیا آمد و وزنی کمتر از بچه ۶ ماهه داشت و واکنش و عکس‌العمل‌های بیرونی را پاسخ نداد، باید اقدام‌هایی برایش صورت داد. اگر متوجه شدیم کودک دچار عقب ماندگی ذهنی است و زود این معضل شناسایی شود، با پیشرفت علمی امروزه تا ۹۰٪ قابل درمان است، هرچند نه در همه موارد. مثلا بچه‌های اُتیستیک فقط نیم در صد قابل معالجه اند.

چه کسی می‌تواند قصه درمانی کند

قصه‌گو باید آشنایی کامل به فنون بیان داستان داشته باشد. درمانگر باید به تکنیک‌های زیباشناسی و راه‌یافتن اندیشه به مخاطب از طریق گفتگو بهره‌مند باشد. با چگونگی و شیوه بیان و کاربرد قصه و چگونگی گشایش عقده‌های سر بسته آشنا باشد و روی آن تمرکز کند و با دانشی که دارد در خصوص مشکل پیش آمده مانور دهد.

قصه درمانی چیست

قصه درمانی را می‌توان بیان روند یک اندیشه اثرگذار در قالب یک قصه که فی البداهه به خلق یک ماجرا بپردازد تعریف کرد. چه اندیشه‌ای؟ آن اندیشه‌ای که درون بیمار را متحول کند. نوعی شخصیت‌پردازی و جهت دادن به نوع نگرش در مسیری که فرد از ریل اجتماع خارج شده و یا تصور می‌کند جا مانده است. طوری که قهرمان داستان، بیمار را به آگاهی بکشاند و ترغیب شود به دنبال نجات خودش دست به خلاقیت بزند. اگر دنیایش تاریک است، اگر درد دارد، اگر تنهاست و یا مضطرب است، آگاه شود که هم اکنون در چنین وضعیتی قرار دارد، و تا کنون از این رنج بی خبر یا باخبر بوده و حالا باید کاری بکند.

هنرِ درمانگر در اینست که از طریق داستان و قصه راه پرواز را هم نشان بدهد. مهارت‌های شخص را در مقابل ضعف‌هایش بگذارد و به او بیاموزد تا از غریزه و اندیشه و توانمندی اش کمک بگیرد. ذهن انسان می‌تواند تخیل کند، می‌تواند بدون پر و بال پرواز کند، یا به زیر اقیانوس‌ها رود و با آبزیان دمخور شود. با همین تخیل‌ها ست که به آرزوها می‌اندیشد. این قدرت فقط در انسان وجود دارد. از طریق این روش‌هاست که قصه‌گو طرح داستانی رامطرح می‌کند تا بیمار را از دام رنج رها سازد.

قصه‌گو باید کاری کند که بیمار خودش را جدا از معضل فرض کند. درمانگر با ترفندهای خود بیمار را به ماجرا می‌کشاند. زیرا بیمار به موردی که شبیه به وضعیت خودش است توجه داده شود. توضیحی ساده از وضعیتی مشابه، از ذهنش عبور می‌دهد و نقاطی را به هم متصل کرده تا خطی را که ادامه زندگی است ترسیم کند. این اتفاق‌ها همان گذر و روند زندگی اش است. همچنان که او از حوادث ناخوشایند عبور می‌دهد، از درونمایه روحی بیمار آگاه شود. با ترفند، از وضعیت و چگونگی زندگی بیمار آگاه شده و روند گذشته بیمار همانند یک قصه نمایان شود؛ همانند گذری از خاطراتش، درست مانند یک نمایش. ترفند زمانی موفق است که مددجو به شوق بیاید تا برای درمانگر قصه بگوید.

وقتی بیمار قصه می‌گوید بعضی از رویدادها را عیان می‌کند و بسیاری از اندیشه‌های خود را بازگو می‌کند. کسانی که بر او اثر گذاشته اند آشکار می‌شود، بدینگونه حادثه و حوادثی که بر بیمار اتفاق افتاده نمایان می‌شود. تصوراتی که در دام اش انداخته اند و خود از آن بیخبر است.

قصه‌گوی درمانگر کیست؟

یک هنرمند و یک پژوهشگر، آشنا به روان‌شناسی . می‌توان کوشش او را به این گونه تعریف کرد: «هنرمندی که نگرش محققانه‌ای دارد و پیشرفت و یا عکس آن را در مورد بیمار زیر نظر می‌گیرد. حالات او را مرتب یادداشت برداری می‌کند، همان‌گونه که از دانش و آموخته‌ها استفاده می‌کند و در عین حال با مدد گرفتن از ادبیات و تأثیر بر روی ذهن انسان‌ها، به مداوا می‌پردازد. درهمین راستا تجربیات خود را به دیگر محققان اطلاع رسانی می‌کند. آنقدر هدفش را دنبال می‌کند تا بالاخره به آن برسد. ذهن خلاقش را همراه با دلسوزی و مهربانی توأم می‌کند تا بتواند توان‌بخش بیمار باشد. قادر است با قصه‌پردازی گره‌های کور بیمار را تحریک کرده و او را وادار به همذات پنداری کند.»

چگونه ادبیات در خدمت شفا برآمد

ادبیات می‌تواند به اعماق جان رخنه کند و در خِرد اثر بگذارد. می‌تواند قوه تخیل انسان را تقویت کند و گاهی چشم‌انداز نوینی برای آینده روشن کند، و با کمک واژه‌ها، صمیمیتی بین قصه‌گو و مخاطب ایجاد کند. جدا از قصه‌درمانی که خود بخش مهمی‌است، خود داستان در مجموع آموزش زندگی هم سهم بسزایی دارد. آموزش‌های غیر مستقیم علاوه بر آشنا کردن با فرهنگ بومی و مادری و ملی، دریچه‌ای به سوی آزادی و رهایی باز می‌کند. تکلیف بر انداختن بی عدالتی، فساد، ناروایی و بلاتکلیفی‌ها را یکسره می‌سازد. بسیاری از اوقات لذت بردن از جستجو و رسیدن به آنچه در کُنه ماجرا نهفته است، دلپذیر است و نیاز عاطفی از طریق گوش دادن به ماجرایی و وصف حال سرگرم کننده و در عین حال شادی آفرین است. ادبیات باعث می‌شود ذهنیت‌های سخت شده در تداوم زندگی، دوباره بازسازی شوند و سلسله حوادث و توالی زمان داستان به فرد استدلال منطقی ببخشد.

چگونه برای کودک بیمار قصه بگوییم؟

گاهی باید ابتدا داستانی نقل کنیم، ساده و بدون دردسر. مثلا در باب چیزهایی مثل عشق به زندگی، علاقه‌های شخصی، موقعیت زندگی، و... در واقع یک گذران آرام و فاقد بن‌بست‌ها و کشاکش‌ها، تا بیمار تشویق به شنیدن شود. در داستان بعدی بیمار را در موقعیت دشوارتر، و گاهی درگیر روایتی تازه، قرار دهیم. درمانگر می‌تواند دریابد در توان مددجو چه آگاهی‌هایی نهفته است. دیدگاه او چیست؟ گاهی لازم است بداند آیا اَنگ و برچسب‌هایی که از مردم دریافت کرده موجب توقف او در مسیر زندگی شده یا نه؟ مثل باور به اینکه من کودن هستم، ضعیفم، ناتوانم، بی عرضه ام، زشتم، افسرده ام و... این یکی از مخرب ترین موارد کوباندن شخصیت افراد است.

قصه‌گو او را به پاسخ یک پرسش وادار می‌کند که معیار زشتی یا افسردگی یا بی عرضگی تو در چیست؟ و آنگاه سعی کند در بازگو کردن قصه دیگر موارد قوت او را در شخصیت پردازی جدید جلوه‌گر سازد. اعتماد به نفس، عزت نفس، و صفات دیگر در این روایت‌ها برون سازی کند، در این روش او بیمار را با واقعیت و مشکلش رو در رو سازد، طوری که آن را مقابل خود بیند. کم‌کم گفتمان را شروع کند. به این صورت روایت به نوع دیگری بازنگری شود .

حُسن گفتمان در این است که حدودها از بین می‌رود و مسائل برونی شده و مددجو احساس راحتی می‌کند. بیمار باید به صحنه بیاید قصه‌ای را بازگو کند که درست نقطه‌ای که در زندگی نتوانسته آن را به انجام برساند، این بار به کمک قصه ای که با روایت دیگر صحنه‌های زشت و ناگوار را بیان کرده از آن عبور کند.

درمانگر صحنه را بازسازی می‌کند و نقطه تاریک را دور می‌زند و از آنچه طبیعت در درون وجود بیمار نهاده استفاده می‌کند تا او را قادر سازد پیروز شود.

انسانی که دنیا را جای خطرناکی می‌داند، همیشه خطر دریافت می‌کند و برای همین روایتگر به رویدادهای گذشته اش رنگ دیگری می‌دهد. از انگیزه‌های خودش برای کمک استفاده می‌کند عاطفه و احساسش را به یاری می‌گیرد و گره کوری که او را در بند کرده را با روایت قصه درمانی آرامش می‌دهد.

در تمام موارد درمانگر نظارت می‌کند که آیا تغییری در بیمار رخ داده است یا خیر. بدیهی است که همه به نوعی در زندگی قصه و غصه دارند، ولی روش‌ها از روایت و یا گذر کردن هر کس منحصر به فرد است. برای کسانی که هدفی در سر داشته باشند ابتدا و پایان توجیه پذیری هم برایش تعریف می‌کنند. برای همین باید هدفی را جلوی راه بیمار گذاشت. یک بار دیگر به عقب برگشته و دوباره به راه رفته نظر کنیم. این پرسش که چگونه بیمار سر از این واقعه بیرون آورده؟ چگونه می‌تواند از پس معضلاتش بیرون بیاید؟ چگونه باید با دیگران پیوند بزند؟ چه آرزوها و تخیلات جدیدی در آینده پیش رویش می‌توان گذاشت؟ برای همین گاهی لازم است برای بیان حدیث و روایت از نماد استفاده شود. برای اینکه رازها در خفا بماند. در درون هر کدام از ما یک گرایش غریزی وجود دارد، اگر بتوانیم با منطق و شناخت خود مان مدیریتش کنیم چه بهتر، در غیر این صورت ناخودآگاه درونی بوسیله گرایش‌های غریزی، ما راهدایت می‌کند.

در سال‌های کودکی پدر و مادر و خانواده و حتی اجتماع تابلوهایی سر راه نصب می‌کنند. به هر تابلو که بر می‌خورد می‌شود گوشزد می‌کند، چه چیزهایی مورد پذیرش است و چه چیزهایی نیست راز بقا در اجتماع، دانستن و عمل کردن به این امور تصور می‌شود.

کودک متوجه می‌شود کدام قابل گفتگو و کدام نیست. با مسئله شرم واقف می‌شود. در مورد بسیاری معضلات سکوت می‌کند و در خلوت ذهن خود مسئله را دفن می‌کند. با این تصور که برای همیشه از آن جدا شده است. بدون اینکه دریابد آن واقعه تبدیل به مردار بویناکی شده و تمام ذهن او را در بر گرفته است.

روش طرح قصه

در تکنیک‌هایی از درمان، بیمار برای قصه‌گوی خود واقعه ای را باز گو می‌کند و در حین روایت بدون اینکه متوجه باشد در رفتارش ترس و یا مشکلات خود را در روایت اش به تصویر می‌کشد.

حالا نوبت قصه‌گو است تا روایت بیمار را عُقده گشایی و به گونه ای پرداخت کند که معضل و مشکل به صورت یک حیوان و یا یک نقابی که بر روی صورت است توصیف کند، نام آن مشکل را بر روی حیوان نهادینه می‌کند

و اجازه می‌دهد آن حیوان زشت با حیله و مکر وارد زندگی بیمار شود و جلوی او را بگیرد و حتی سعی کند او را بترساند. ولی هر بار که آن مشکل قد علم می‌کند، در خلال ماجرا از کودک کتک می‌خورد و تحقیر می‌شود و کودک را به خنده می‌اندازد. این بار از کودک خواسته می‌شود که او قصه را همانطور باز گو کند. چند بار و در هر نوبت، او آن حیوان که نمادی از معضلش است را بیشتر تحقیر می‌کند و به این صورت رنج کودک کم‌کم کاسته می‌گردد.

هنر درمانگر زنده کردن داستان‌های متعدد است. در واقع مشکلات از زاویه‌های حوادثی به وجود می‌آید که در ذهن بیمار ثبت شده و به صورت عقده خود نمایی می‌کند و حالا باید آن حوادث نا مطلوب دوباره تألیف شود ولی به گونه ای که لایه‌های آزار دهنده از آن حذف شود.

گاهی بیمار در بیان خاطراتش به مرکز اضطراب که می‌رسد لحن گفتارش عوض می‌شود. قصه‌گو می‌تواند بر روی آن قسمت تمرکز کند و نقاطی که باعث سر خوردگی بیمار شده را کوچک و کوچکتر کند تا از تسلطی که آن حادثه بر روی روح و ذهن بیمار گذاشته بکاهد.

روش دیگر به این صورت است که بعد از اینکه بیمار حوادث تلخ و پر از ناکامی‌اش را شرح داد، قصه‌گو نکات جا مانده و گفته نشده را با طرح پرسش‌هایی از او در یابد، آن دسته از حوادثی که جذب روح نشده و هنوز بیمار را مضطرب گذاشته. پس از کندو کاو، درمانگر زوایای تلخ را بشکافد و داستان را در جهت دیگر قرار دهد. یا شخص را با مشکل اش در جنگ تنگاتنگ بکشاند، همان جنگی که قبلا بیمار را مجروح کرده ولی این بار قصه‌گو به او راه حلی می‌دهد تا به پیروزی برسد. در این روش بیمار دشمن خود را در اندازه و ابعاد کامل می‌بیند و یاد می‌گیرد در آینده چگونه با شداید نبرد کند و موفق شود.

باید و نبایدهای قصه

- قصه‌گو باید بیان ماجرا را با حرکات سر و صورت و اندام جلو ببرد.

- قصه ای که بیان می‌شود با گروه سنی او متناسب باشد و همین طور با نوع تخیلات بیمار.

- ارتباط چشم و نگاه خود را با مخاطب در تداوم نگه دارد.

- سرعت گویش روایت با درک مخاطب متناسب باشد.

- صدای قصه‌گو شفاف و لحن بیان هماهنگ با ماجرا بلند و کوتاه شود.

- قصه‌گو باید توان آن را داشته باشد تا بیمار را وادار به بیان قصه کند به این صورت که یک داستان من و یکی تو.

- قادر باشد بیمار را وادارد تا فرافکنی کند، خودش را توصیف کند، اندوه اش را متجلی و بیان سازد.

اگر کودک معلول است، با نگاهی دگر باره وادارش کند معلولیت خود را بپذیرد و با آن کنار بیاید. قهرمانی در داستان شبیه او بوجود بیاورد که با وجود معلولیت می‌تواند کارهای بزرگی انجام دهد و گاهی کودک را وادار کند تا در پیش بردن داستان همکاری کند.

شخصیت‌های داستان

شخصیت‌ها به فراخور مخاطب می‌تواند از اشیاء، حیوانات، وحتی عروسک‌هایش و یا نمادین باشند.

استفاده از نمادهایی که دانای کل باشند. مثلا یک معلم دانا، یک جغد دانشمند، یک جادوگر توانمند، یک روح حامی... به صورتی که در قصه پنهان بماند ولی راه‌هایی را یواشکی به اطلاع بیمار برساند و چیزهایی که کودک در دل دارد و نمی‌گوید از زبان دانای کل بیان شود. مثلا از او بخواهند که برای کسی که در قصه دچار این مشکل است یک راه حلی پیدا کند. دانای کل از بیمار می‌پرسد نظر تو چیست؟ اگر بیمار شروع به بیان کرد قصه موفق بوده و به این ترتیب کودک غصه‌ها، تردید، شرم، دلتنگی، افسردگی، رنج‌ها را بازگو می‌کند.

گاهی لازم است که قصه‌گو روایت را نیمه تمام بگذارد و بگوید تا کجا بودیم؟؟ ...یادم رفت......چی می‌گفتم؟... تا کودک حواس اش را جمع کند.

باید از یک نواختی اجتناب کرد. استفاده از عروسک‌ها در قالب قهرمان قصه بسیار مؤثر است. استفاده از آهنگ‌های متناسب با داستان، مثل صداهایی از طبیعت، باد و طوفان، باران، گذر نسیم از شاخه‌های درخت، موج دریا، رعدوبرق، آبشار و...به پیشبرد روند داستان می‌افزاید.

گاهی با ریتم و شعر داستان را دنبال کند. برای تأثیر بیشتر از موسیقی استفاده کند.

در هر صورت کشش داستان اثر زیادی بر مخاطب دارد. برانگیختن حسی که بگوید" خُب بعد چی؟" و روایت تا آنجا ادامه پیدا کند که مخاطب انگیزه و رغبت شنیدن را داشته باشد. در گروه درمانی، افراد خجالتی را کم‌کم از لاک خود بیرون بکشاند تا درجریان قصه شرکت کنند.

گاهی لازم است قصه‌گویی با نقاشی توأم شود در این صورت واژه‌ها با طرح و رنگ درهم بیامیزد.

- گام نخست اعتماد به قصه‌گو

- گام دوم برنامه‌ریزی برای طرح قصه

- گام سوم برانگیختن تخیل کودک

- گام چهارم دریافت عُقده‌های فروخورده

- گام پنجم درمان

شناخت ویژگی‌ها

هدف اصلی درمان و تغییر باورهایی است که فرد را بطور عمیق درگیر کرده است و ارائه نوعی الگوست که تصاویر مثبتی را در ذهن ایجاد کند و توانایی دوباره‌ای به او ببخشد. بخصوص کودکانی که نگرش منفی دارند. از این جا می‌توان این گونه کودکان را شناخت که در گفتارشان مدام اتفاقات زشت و ناراحت کننده و موجودات خطرناک

را بیان می‌کنند. کودکان با نگرش مثبت هم ممکن است که به حوادث بد و یا ترسناک تکیه کنند، ولی همواره بعد از آن راه حل مثبتی ارائه می‌دهند.

قصه‌گویی به دو صورت گروهی و انفرادی انجام می‌گیرد. برای قصه‌گویی فردی، معمولا داستانی را تعریف کرده و اشتیاق شنیدن را ایجاد می‌کند و پس از آن ادامه قصه را به کودک واگذار می‌کند.

در مورد گروه درمانی، قصه تا نیمه بیان می‌شود و هر کدام بقیه داستان را ادامه می‌دهند. بهتر است در فواصلی از بیان قصه، خواندن شعرهای ریتمیک و آواز دستجمعی بچه‌ها را به همخوانی دعوت کرد، که این باعث شعف و شادی می‌گردد.

مورد دیگر این که یک نفر می‌گوید و دیگران پاسخ می‌دهند. این کار باعث تقویت در یاد گیری و تثبیت مواضع عاطفی می‌شود. این روش در مورد محدوده سنی کودک تا سالخورده را شامل می‌شود. بیماری‌های روانی، ناتوانی‌های رشد، ناتوانی‌های جسمی‌ناشی از آسیب‌های پدید آمده، معلولیت‌های ارتوپدی، آسیب‌های حسی و عاطفی، افسردگی‌های ناشی از سر خوردگی‌های عاطفی و... از طریق جمع می‌توان درمان کرد هم زمان با تأکید به فردیت شخصتی .

انواع ناهنجاری‌ها

کودکان عقب مانده ذهنی

بستگی دارد به این که تا چه حد عقب افتادگی در او مشهود است. گروهی هستند که می‌توانند بشنوند و بفهمند ولی در حد مختصر. این گروه از قصه درمانی می‌توانند بهرمند شوند.

از طریق افزایش تمرکز، تقویت و هماهنگی ماهیچه‌ها، ایجاد کنترل وانگیزه‌های شخصی، ثبات عاطفی، انگیزه فکر و پرورش آن و شخصیت پردازی.

با شنیدن یک قصه مناسب با محتوای درمان، مهارت و هماهنگی در فکر و حرکت چه در کودک و چه در بزرگسال ایجاد می‌شود.

چگونه برای کودکان عقب مانده ذهنی قصه درمانی کنیم

به این صورت که حکایتی را با واژه‌های ساده و روان در حد فهم کودک بیان شود. برای درک بهتر روایت، همزمان با حرکات صورت و بدن، ماجرا را باید پیش برد. گاهی از کودک خواسته می‌شود همراهی کند.

گاهی مهارت‌های ساده ای از قبیل این که چطور لباس بپوشند و مسواک بزنند. کفش به پا کنند را در درونمایه قصه گذاشته و آموزش غیر مستقیم داد. یافتن واژه‌های تازه، توصیف موقعیت و وضعیت خودش در همانند سازی، که در ماجرای داستان نهفته باشد. بهتر است چنانچه بیمار قصه را تمام کند جایزه ای به او تعلق گیرد و اعتماد به نفس بیمار افزایش یابد.

هنگام برنامه‌ریزی برای ساخت قصه که معمولا فی‌البداهه است توجه به نوع درمان و سطح رشد اجتماعی ضروری است. باید در نظر داشت مطلبی که روایت می‌شود بسیار کوتاه باشد، زیرا حافظه او توان ضبط بیشتر را ندارد. استفاده از موسیقی و شعرهای ریتمیک مفید است و پاداش دادن حتمی و ضروری است .

کودکانی که در یاد گیری تأخیر دارند

این دسته از کودکان اگر چه عقب مانده نیستند ولی در اثر ناتوانی در تمرکز و فکر کردن، صحبت کردن، خواندن، نوشتن و هجی کردن و در مجموع در یادگیری مشکل دارند و نمی‌توانند هم‌پای بقیه بچه‌ها بیا موزند. آن‌ها در انجام عملیات ریاضی ناتوانی دارند، که در نتیجه بی نظمی و یا اختلال در یک یا چند فرآیند اساسی ذهنی ایجاد شده، یا یک نوع از معلولیت، در اثر آسیب مغزی و یا اختلال در مغز به وجود آمده است. ممکن است کودک در بینایی و شنوایی دچار ناتوانی است، و یا زبان پریش است و نمی‌تواند کلمات را درست ادا کند. به هر حال

نمی‌تواند بلند بخواند واگر بخواند نمی‌تواند بفهمد. در تعیین فاصله و زمان و شکل‌های فضایی ناتوان است. جهت و کمیت‌ها را به درستی تشخیص نمی‌دهد. بعضی ازاین کودکان رفتاری پر جنب و جوش دارند و از کشیدن یک خط مستقیم عاجزند. حافظه کافی برای ضبط آموخته‌ها و درکی از کمیت و اندازه و جهت و فاصله‌ها را ندارند.

چگونه برای کودکانی که در یادگیری تأخیر دارند قصه بگوییم

ابتدای قصه با یک پرسش شروع می‌شود و به این وسیله ذهن کودک آماده بیان ماجرا می‌شود. از حرکات و ژست‌های تأثر گونه کمک گرفته شود. باید پیوسته اتصال چشمی‌داشت و با شکلک و ادا او را خنداند. بدین‌گونه کودک دریافت راحت‌تری پیدا می‌کند. چنانچه قصه درمانی به صورت گروهی باشد بهتر است.

در حالت گروه درمانی پاسخ سوأل‌های قصه را به صورت دست‌جمعی در خواست شود. قصه‌ها باید ریتم داشته باشند و کوتاه باشند. از واژه‌های ساده و معمولی استفاده شود که در حد گنجینه واژه‌های این گروه باشد.

چون کودک قادر نیست خط مستقیم بکشد، بهتر است برای بازی نقطه‌هایی روی کاغذ با مداد ترسیم کنیم و از او بخواهیم تا نقطه‌ها را به هم وصل نماید. استفاده از صدای حیوانات و طبیعت و هم چنین تصاویر نقاشی، انگیزه شنیدن را در آن‌ها تقویت می‌کند. موسیقی نقش موثری در جلب توجه شان خواهد داشت.

هر چند بار باید کودک را لمس کرد تا به خود آید. همچنین دادن پاداش بسیار مهم است. تشویق و گفتن آفرین و دادن جایزه و شیرینی برایش شوق بر انگیز می‌شود . گاهی باید بطور ناگهانی صدا را بلند کرد تا حواس کودک دوباره جلب شود. تجربه نشان داده است که صمیمیت وگرمای وجود درمانگر نقش مهمی ایفا می‌کند. به کودک باید فرصت داده شود تا مطالب در ذهنش بنشیند و اگر لازم بود باز هم فرصت داده و تکرارشود. اجازه داده شود کودک به درونمایه قصه راه یابد. مثلا قهرمان بی باک و ساعی ماجرا خود کودک باشد با این هدف که بتواند حس قهرمان شدن را به او آموخت.

توجه باید داشت که قصه فقط یک طرح داشته باشد زیرا اگر دو طرح عنوان شود گیج می‌شود و نمی‌تواند به هر دو در آن واحد فکر کند. ولی به مرور مهارت گوش کردن و بیان را پیدا خواهد کرد. داستان پرداز در نظر داشته باشد که بیمار در تشخیص کُند است. در ارتباط با بدن خود و اشیاء اطراف اشکال دارد. در سیستم کار و فواصل نوشتن و محاسبه ریاضی و نشانه‌ها ناتوان است و به صبر و فرصت زیاد نیاز دارد. اگر برایش کتاب خوانده می‌شود همان مطلب را دوباره تعریف و نقاشی کند تا به او توجه بدهد. با تأکید بر این نکته که اختلال یا ناتوانی در واقع بیماری نیست بلکه نوعی رفتار است که می‌توان آن را اصلاح کرد.

پیش آگهی و عاقبت اندیشی برای اینگونه کودکان بسیار مؤثر است. جالب آنکه با قصه درمانی آستانه درک و توان کودک رفته رفته افزایش می‌یابد. تمرکز بالا رفته و نگاهداری متن در ذهنش افزایش پیدا می‌کند. حتی حس قهرمان پروری و خود باوری‌اش تقویت می‌شود. مثلا بهتر است جدول ضرب را ریتمیک یاد بگیرد و این در حافظه ذهنی و محاسبه‌های ریاضی اش مؤثر خواهد بود.

این مهارت داستان سرا است که حواس پرتی کودک را به حداقل برساند. تجارب نشان داده است که مهربانی و ثبات قصه پرداز در یادگیری و به فعالیت کشاندن کودک نقش بسزایی دارد.

اختلال لالی انتخابی

اختلال لالی به انتخاب بیمار، از نوع شاخه اضطرابی است. در این مورد کودک وقتی در تعاملات اجتماعی با دیگران قرار می‌گیرد سر صحبت را باز نمی‌کند. یا وقتی از آن‌ها پرسشی می‌شود، پاسخ نمی‌دهد. این سکوت هم در بزرگسالان و هم کودکان دیده می‌شود. این در حالی است که در خانه حرف می‌زند و ابراز وجود می‌کند ولی در مدرسه حرف نمی‌زند و این اختلال باعث امتناع از رفتن به مدرسه و بروز مشکلات آموزشی می‌شود. از سایر ویژگی‌های این اختلال، خجالتی بودن مفرط، و ترس از نمایان شدن در انظار است. انزوای اجتماعی، گوشه گیری، حتی قشقرق راه انداختن و یا نافرمانی کردن در سطح خفیف را می‌توان جزئی از این رفتار نام برد .

راه‌های تشخیص اختلال لالی انتخابی

۱- ناتوانی مداوم در صحبت کردن در موقعیت اجتماعی که انتظار صحبت کردن در آن‌ها می‌رود. مثلا در مدرسه. این اختلال پیشرفت تحصیلی یا شغلی و یا اجتماعی را مختل می‌کند.

۲- ناتوانی صحبت کردن ناشی از آگاه نبودن از نحوه گفتار در موقعیت‌های اجتماعی .

این اختلال نادر است و شروع آن معمولا تا قبل از ۵ سالگی می‌باشد، ممکن است تا ورود کودک به دبستان این رفتار مورد توجه قرار نگیرد، زیرا در زمان مدرسه است که تعامل اجتماعی اتفاق می‌افتد و کودک با انزوای اجتماعی بیشتری روبرو می‌شود. از پیامدهای عادی این اختلال، افُت شدید در عملکرد مدرسه ای یا اجتماعی است و دیگری اینکه مورد تمسخر و اذیت توسط همکلاسی‌ها قرار گیرد.

چگونه برای کودکانی که لالی انتخابی دارند قصه بگوییم

برای درمان لالی انتخابی از تکنیک شکل دهی استفاده می‌شود. در این تکنیک کودک به تدریج و آهسته تشویق به حرف زدن می‌شود. ابتدا برای تعامل غیر کلامی به او محرک‌های تقویت کننده می‌دهند و بعد برای گفتن بعضی اصوات مثلا صدای یکی از حیوانات و یا حروف الفبا، بعد برای گفتن کلمات و بعد گفتن یک کلمه به او پاداش داده می‌شود. روانشناسان معتقدند برای درمان لالی انتخابی درمان دارویی نیز مؤثر است .

کودک اُتیستیک یا خاموش

این کودکان در یک محیط ساده اُنس می‌گیرند و اصراردارند در همان جا بمانند. غیر ارادی حرف می‌زنند. با وسایل ساده سرگرم می‌شوند یکنواخت و بی هدف باقی می‌مانند. هیچ نشانه ای از بازیگوشی و شیطنت هم سن

و سال‌هایشان را ندارند. گیج هستند. اگر چه ظاهرشان طبیعی است ولی نمی‌توانند با دیگر هم سن و سال‌ها و بطور کلی دیگران ارتباط پیدا کنند. بعضی از این کودکان نمی‌توانند حرف بزنند. بازی‌های یکنواخت با وسائل همیشگی بدون هدف و انگیزه دارند. فقدان بازیگوشی و بعضی از آن‌ها از زبان "من در آوردی" استفاده می‌کنند. عده ای از آن‌ها در گفتارشان تکرار وجود دارد. اگر شیء و یا اسبابی به آن‌ها بدهند بی تفاوت می‌مانند. اگر به سراغ آن‌ها بروید توجهی نمی‌کنند. ارتباط چشمی برقرار نمی‌کنند. فقط وقتی گرسنه و یا تشنه باشند و یا چیزی اذیت شان کند به والدین روی می‌آورند. بعضی از آن‌ها برعکس عمل می‌کنند. به مادر می‌چسبند و جدا نمی‌شوند. سؤال‌های تکراری می‌کنند. مثلا امروز چند شنبه است؟ ساعت چند است؟ و آنقدر پرسش را ادامه می‌دهند تا اطرافیان را کلافه کنند. این کودکان گنجینه واژه کمی‌دارند. بنا براین کمتر مطالب را درک می‌کنند، ضمیرها را اشتباه به کار می‌برند. مثلا می‌گویند گرسنه ای، بجای اینکه گرسنه ام .

چگونه برای کودکان اُتیستیک قصه بگوییم

قصه برای این گونه کودکان مشکل است زیرا اجتماعی نیستند و ترجیح می‌دهند با قصه‌گو ارتباط بر قرار نسازند. بعضی از این‌ها ساکت وعده‌ای تکرار کلامی‌دارند. بسیاری از آن‌ها صدا تقلید می‌کنند برای همین می‌شود با آن‌ها با روش تقلید صداها ارتباط برقرار کرد. بعضی از این کودکان استعداد باور نکردنی درنقاشی و موسیقی دارند. توجه بسیار دقیق شان به ریزه کاری‌های تصاویر شگفت انگیز است.

بعضی در نواختن موسیقی شاهکار هستند و افرادی هم در حافظه و به خاطر سپردن اعجاب می‌کنند. طوری که مثل ماشین حساب عمل می‌کنند. چنانچه دفتر شماره تلفن‌های منطقه ای را در اختیارش بگذارند تا ورق بزند، متوجه می‌شوند تمام شماره‌های یک منطقه وسیع را از بَر است و یا حساب تقویم سال‌ها و ماه‌های ۵۰ سال پیش را می‌تواند در اختیار دیگران بگذارد. مثل اینکه از او پرسیده شود ۴۴ سال پیش ۳ تیرماه چند شنبه بوده؟ فوری پاسخ می‌دهد. در حالی که از جمع کردن چند عدد عاجز است. این را می‌توان به زمینه ارثی و ژنتیکی ارتباط داد. متأسفانه تا کنون دارویی برایش وجود ندارد.

کودکانی که اختلال درکی و یا گفتاری دارند

لکنت دارند و یا نمی‌توانند صوت و صدا ایجاد کنند. بیان منظمی‌ندارند. در ادای بعضی از کلمات مشکل دارند. در بین بعضی واژه‌ها تأخیر زمانی دارند. به همین دلیل نمی‌توانند همپای بقیه بچه‌ها رشد کنند و عقب می‌مانند. این اختلال گاهی به خاطر فلج مغزی است و یا صدماتی که به مغز کودک وارد شده است و یا ممکن است در زمان تولد صدمه خورده باشد. به هر صورت کودک خود را در بحران می‌بیند و برای جبران آن، پرخاشگری می کند و چون نمی‌تواند همپای دیگران رشد کند، دیگران را سرزنش می کند. گاهی سعی می کند در گوشه ای بنشیند و خیال‌پردازی کند. رفتارش از همسالان خود کودکانه‌تر است. سعی در خراب و ویران کردن دارد.

زبان پَریش‌ها، در ارتباط شفاهی با دیگران مشکل دارند، که ناشی از صدمات موضعی مغزی است.

اختلال در قسمت کام (سقف دهان) مثلا شکاف دارد. در این حالت عبور و خروج هوا از بینی دچار اشکال می‌شود. فلج مغزی وضعیتی است که مرکز کنترل حرکات در مغز به خوبی کار نمی کند.

چگونه برای کودکانی که اختلال در گفتار و درک دارند قصه بگوییم

قصه‌گو باید ابتدا سعی کند اطمینان او را با محبت و صمیمیت جلب کند. از رفتار خشن او دلگیر نشود. گاهی لمسش کند و گاهی در آغوشش بگیرد و نوازشش کند. در حد توان او را درک کند و سپس قصه را شروع کند.

قصه باید به گونه ای باشد که اعتماد به نفس کودک را تقویت کند و تمایلات خشونت بارش را نفی کند. ترس و اضطرابش را از بین ببرد. قهرمان داستان او را از درونگرایی بیرون بیاورد و آرزوهای زیبایی در او ایجاد کند. قصه‌گویی می‌تواند همراه با نقاشی و یا موسیقی یا پانتومیم اجرا شود. آموزش مهارت‌های فنی برایش در نظر گرفت که نیاز به صحبت و بیان نداشته باشد.

مثلا صحنه سازی در موقعیت خاص. نمایش تأترگونه مانند: «سوار قایقی فرضی در حالی که باران به تندی ببار صدای رعد و برق و لحظه لحظه موج و اضطراب و خطرغرق شدن و هیجان درگیری با امواج،...و ناگهان نجات».

این‌ها همه به کمک صدا، نور، و تجسم لحظه به لحظه نشستن در قایق خیالی، و نمایش و هیجان با همراهی بیمار صورت می‌گیرد، به گونه ای که مددجو احساس کند دارد غرق می‌شود و باید کاری کند. در این هنگامه کودک کم‌کم به خود می‌آید و با جریان داستان همراه می‌شود. این اوج و فرود ذهن او را بیدار می‌کند.

کودکانی که اختلال شخصیت دارند

این گونه کودکان در هویت خود دچار اختلال هستند. با واقعیت‌ها کنار نمی‌آیند. از نظر درک مشکل دارند. مدام در ترس و اضطراب به سر می‌برند و توهُم دارند. تأخیر در رشد و بلوغ دارند. به رفتارهای ناهنجار فردی و اجتماعی گرایش دارند. از خلافکاری خوششان می‌آید. اختلال در محتوای فکر دارند. به هذیان گویی می‌پردازند.

- اختلال در فکر، باعث پرخاشگری و از دست دادن ارتباط‌ها می‌شود .

- اختلال در درک، توهم را برایشان می‌آورد.

- اختلال در عواطف، آن‌ها را بی تفاوت می‌کند.

- اختلال در احساس خود، باعث می‌شود هویت شان برای خودشان زیر سوال رود.

- اختلال در نیروی اراده، باعث از دست دادن علاقه و انگیزه می‌شود.

- اختلال در رفتار و روان و حرکت، رفتارهای عجیب و عدم فعالیت و یا پر جنبشی را برایشان رقم می‌زند.

چگونه برای کودکان دارای اختلال شخصیت قصه بگوییم

کاربرد قصه برای اینگونه بیماران با احتیاط و دقت بسیاری صورت می‌گیرد. چون بیمار لحظه به لحظه حالتش عوض می‌شود، قصه‌گو نیز باید با او تغییر کند. ویژگی‌های فردی هم مشکل را مضاعف می‌کند.

در قصه پردازی، ایجاد هوشیاری و فعالیت‌های ذهنی باید با دقت و زیر نظر روانپزشک معالج صورت بگیرد. آموختن واژه ها و ادای صحیح کلمات که بتواند از طریق قهرمان سازی با قصه‌گو ارتباط برقرار کند.

کم‌کم قصه‌گو در اوج و فرود داستان، بیمار را گذر می‌دهد و از درگاه های پر تلاطم و پر پیچ‌وخم می‌گذراند و وانمود می‌کند که این حوادث قسمتی از زندگی همه مردم است و همه از این معضل به گونه ای رد می‌شوند.

طرح و روش جدید و دیدگاه نوینی را جلوی چشم بیمار می‌گذارد. روایتی که بیمار را از حس زمین خوردگی و افتادن نجات می‌دهد. چنانچه بتوان قصه را به صورت جمعی برای این کودکان بیان کرد بهتر است. در همه حال حس نا خشنودی را در لحظه‌ها مورد توجه قرار داد. بیمارانی که دارای اختلال خفیف هستند، معمولا پس از مدتی با قهرمان داستان همراه می‌شوند و از دلواپسی‌ها رها می‌شوند.

در گروه درمانی می‌توان با بیان خاطرات و یا روایت‌های قصه هر کدام از مددجوها، فعالیت‌های جمعی ایجاد کرد. گاهی از آن‌ها پرسشی مطرح کرد و یا از آن‌ها خواست ادای قهرمان داستان را در آورد و نقش بازی کند. به این وسیله کودک کم‌کم به موضوع داستان توجه می‌کند و علاقمند می‌شود. در این بین صدای موسیقی و فضای گرم دوستی انگیزه بهبودی را تقویت می‌کند.

کودکان پر جنب و جوش

نمی‌توان آن‌ها را در یک جا ساکن کرد. دائم در حرکت و فعالیت هستند. بی قرارند. هر لحظه فعالیت و حرکات شان تغییر می‌کند. سرو صدای زیادی ایجاد می‌کنند و حرکاتی جهشی دارند. بی دقت اند. از دیگران حرف شنوی ندارند و در ساماندهی ناتوانند.

درصد اختلال در پسران بیشتر از دختران است. به قول قدیمی‌ها جان از قالب زیاد ترند. اگر مجبور شوند ساکت بنشینند دست و پایشان راتکان می‌دهند. با وجود این که از نظر هوشی کاملا سالم هستند، ولی در یاد گیری به خاطر کم توجهی اشکال دارند. نه تنها در جسم، بلکه ذهنشان هم مدام درگیر است. گاهی اوقات دچار تنش و اضطراب می‌شوند. اگر اضطراب آن‌ها را برطرف کنیم، ساکت و آرام می‌شوند.

نوع شدید این اختلال در بچه‌ها، بیماری شیدایی است که به مثابه پیش فعالی عمل می‌کند. ولی بعد از مدتی افسرده می‌شوند. عده ای از متخصص‌ها بر این باورند که پیش فعالی هم نشانه ای از افسردگی است.

افسردگی به صورت فعالیت زیاد خودش را بروز می‌دهد. در بزرگسالان با خستگی و کوفتگی خودش را نشان می‌دهد. بچه‌هایی که به کمبود توجه و تمرکز دچار هستند، معمولا وسایل خود را جا می‌گذارند و وقتی با آن‌ها صحبت می‌شود، حواسشان جای دیگر است. در صف یک جا قرار نمی‌گیرد. قبل از اینکه فکر کنند به پرسش‌ها پاسخ می‌دهند. سرکلاس حرف می‌زنند و نظم را به هم می‌ریزند. نه تنها بغل دستی بلکه چند نیمکت آنطرف تر هم از دست آن‌ها در امان نیستند. نسبت به صدا تحریک پذیرهستند. اگر بخواهیم با بچه‌های دیگرهمصدا شوند، مرتب پلک می‌زنند و برای تخلیه بقیه انرژی به تخیل روی می‌آورند. با خودشان حرف می‌زنند.

چگونه برای کودکان پر جنب و جوش قصه بگوییم

قصه‌گویی برای این افراد حوصله و خلاقیت می‌خواهد. باید با تغییرات دائم کودک همراه شد. علاوه برآن درک در فکر و احساس دگرگون ان‌ها را هم باید در نظر گرفت. قصه‌گو همزمان باید در بیان قصه تغییر بوجود بیاورد،

کودکان این گونه اختلال بی حوصله هستند. به قصه‌های بلند توجه نمی‌کنند. داستان را نیمه کاره رها می‌کنند و دیگر حاضر به شنیدن آن نیستند. استفاده از پازل و موسیقی همراه با روایت موثر است. نقاشی و اجرای حرکاتی نمایشی در حین پیشبرد قصه اثر بخش است. می‌شود با بازی کودک همراه شد و در حین بازی بقیه داستان را ادامه داد.

کودکانی که اختلال بیان و درک دارند

اینگونه بچه‌ها یا از زبان و محاوره دچار اشکال هستند و یا لکنت دارند. ممکن است در بیان کلمات نظم خاصی را رعایت نکنند. گاهی ناتوانی آن‌ها در ایجاد اصوات است.

– تأخیر گفتاری : در این حالت رشد گفتار کودک نسبت به همسالان خود عقب مانده است

– زبان پریش : ناتوانی در ارتباط شفاهی که در نتیجه‌ی صدمات موضعی مغزی عارض می‌شود.

– اختلال در کام شکافتگی: که عبور و خروج هوا از بینی دچار اشکال می‌شود.

– فلج مغزی : وضعیتی است که مرکز کنترل حرکات در مغز دچار نقص شده است.

از ویژگی‌های این کودکان در فهم زبان یا استفاده از گفتار برای بیان و خواسته و عقاید و افکار خود دچار اشکال هستند. مدام دچار خشم می‌شوند زیرا نمی‌توانند به راحتی ارتباط بر قرار کنند.

ممکن است به گوشه نشینی توأم با خیال‌پردازی روی آورند و یا به رفتارهای کودکانه بپردازند و یا برای جبران این ناکامی دست به ویران کردن و تخریب بزنند.

چگونه برای کودکان دارای اختلال بیانی و درکی قصه بگوییم

قصه‌گو با بیان قصه‌هایی اعتماد به نفس کودک را افزایش می‌دهد، می‌تواند برایش کتاب بخواند، و از کودک بخواهد اصواتی را همراه با ریتم و کشش یا خواندن آوازهای آهنگین با او اجرا کند، تشویقش کند،

بدون اینکه استرس و نگرانی‌اش را نادیده بگیرد، به تقویت بیان و گفتن درست واژه‌ها و جملات و کلمات بپردازد. صبر کند تا کودک با بیان خود احساس و هیجان ناشی از ناتوانی‌اش را بیرون بریزد. از او بخواهد قصه بگوید. بگذارد تقلید صدا کند و از احساس و عواطف اش صحبت کند. در هر نوبت به او جایزه بدهد.

ناشنوایان

کودکان ناشنوا بیشتر مجذوب دیدن محیط رنگارنگ هستند. کنجکاو و در بسیاری از اوقات زیرکند. چنانچه نتوانند با محیط خود ارتباط برقرار کنند ناامید و منزوی و پرخاشگر می‌شوند. بعضی از آن‌ها با سمعک می‌توانند بشنوند ولی گروهی حتا با سمعک هم قادر به شنیدن نیستند .

چگونه برای ناشنوایان قصه بگوییم

قصه‌گو باید با مهارت لب خوانی و صحبت با ناشنوایان و یا زبان اشاره، آشنا باشد و با آن‌ها ارتباط برقرار کند. قصه‌گویی از طریق کشیدن نقاشی توأم با قصه و یا اتفاقی که جلب توجه‌اش را بکند، عکس‌ها و تصاویری زیبا از طبیعت، نشان دادن مهربانی با حیوانات، می‌تواند دستاوردی برای نزدیک شدن به کودک باشد، سپس داستان را از طریق نمایش ادامه دهد. بعضی از حوادث و اتفاق‌های عجیب و یا خنده دار برایش با زبان اشاره بازگو کند. با ایما و اشاره هیجان خودش را با او به اشتراک بگذارد. اینطورکودک شوق ادامه داستان را پیدا می‌کند و سرگرم می‌شود و به قصه‌گوی خود علاقمند شده انس می‌گیرد.

بیماران حاد جسمانی

معلولیت‌های شدید. بیماران ام اس، بیماران سرطانی، فلج‌های پیشرفته، و بطور کلی آن‌هایی که نمی‌توانند از بستر بیرون بیایند. چنانچه کودک باشند بی قراریشان بیشتر است. زیرا نمی‌توانند به اقتضای سنشان بدوند و بازی کنند. فضای پر درد و رنج آن‌ها زمانی آرامش می‌یابد که قصه‌گودر کنارشان باشد تا برایشان قصه بگوید.

چگونه برای بیماران حاد جسمانی قصه بگوییم

قصه‌هایی فانتزی، شاد و زندگی بخش که تاریکی محیط بستری شدن را به روشنایی ذهن مبدل کند. بخصوص اگر با موسیقی همنوا شود بیماران را از تنهایی و کسالت خارج می‌کند. قصه‌ها باید به گونه ای پرداخته شوند که اضطراب را از آن‌ها دور کند. حتا بیماران قلبی و آن‌هایی که درد زیادی را تحمل می‌کنند و یا افسرده‌اند را می‌توان با بیان خوش یک قصه از لاک خود دراورد و با حادثه‌های قصه همراه کرد. بسیاری از بیماران به خاطر قرار گرفتن طولانی مدت در بستر از نظر روحیه اُفت پیدا می‌کنند. در این صورت با دادن مژده‌های خوش، در درون قالب داستان، بیمار را به شوق شفا واداشت. اینگونه کودکان اگر اهل کتاب باشند با دریافت کتاب‌های شاد و پراز نقش و نگار به تخیلات زیبایی در ذهن می‌پردازند. بخصوص نوشته‌هایی در رابطه با پرواز، بادبادک، هواپیما، هلیکوپتر، و...دیدن عکس‌های زیبای طبیعت، شنیدن موسیقی‌های شاد و نقاشی‌هایی که نشانگر فردایی بهتر و امیدوارتر است. این گونه روح کودک را از خستگی بستر جدا کرده به آسمان پرواز دهد.

کودکان نابینا

کودکان نابینا را نمی‌توان مثل عقب مانده ذهنی و یا اختلال‌های دیگر به حساب آورد زیرا آن‌ها قدرت یادگیری زیاد و حافظه قوی دارند و در اثر از بین رفتن قدرت بینایی مهارت‌های دیگرشان افزایش می‌یابد. مثل لامسه، شنوایی، بویایی.

چگونه برای کودکان نابینا قصه بگوییم

برای این دسته از کودکان قصه‌هایی از طبیعت لطف خاصی دارد و حتما راوی باید " تُناژ " یا طنین صدای خوبی داشته باشد. قصه را نباید با سرعت کم روایت کرد. اینگونه کودکان اختلال ذهنی ندارند و سرعت کم در خواندن، آن‌ها را خسته می‌کند. کلمات باید پشت سر هم و روان بیان شود، بهتر است در قصه‌ها توصیفی از طبیعت از صداهایی نظیر آب، باران، چشمه، وزش نسیم در برخورد با برگ‌ها کمک گرفت. قصه‌های دست جمعی به آن‌ها کار کردن گروهی را یاد می‌دهد.

بهتر است کودکان کم بینا را به خواندن تشویق کرد تا کم‌کم مهارت پیدا کنند. برای آن‌ها مطالب را با خط درشت و با فاصله‌های زیاد در کلمات جدا از هم تهیه کرد و حتی نقاشی و تصاویر برجسته در تابلوهایی بزرگ در اطراف آن‌ها آویخت و از آن‌ها خواست تا با لمس نقاشی‌ها با روایت‌ها همراه شوند. این کار اعتماد به نفس و خود باوری شان را افزایش می‌دهد و برای دریافت بیشتر انگیزه می‌گیرند. کتاب‌های خاص این کودکان که به کتاب‌های لمسی هم معروف است در بازار موجود است. قصه‌گو می‌تواند با گذاشتن انگشت کودک بر روی اشکال بر جسته تصویر داستان را هم به پیش ببرد.

کودکان بد زبان و فحاش

از خصوصیت این کودکان ترس و وحشت دائمی‌است. مدام در مقابل دیگران جبهه می‌گیرند. گاهی در حالت تهاجم و گاهی دفاع. بد دهن هستند. با هر موضوعی مخالفت می‌کنند. بیشتر اوقات از نظر جنسی بی بند و باراند. اضطراب دارند. بعضی از آن‌ها در خود پنداری دچار ضعف هستند. به موضوعات مختلف حساسیت دارند. از نظر عاطفی در طغیان و تغییرند و از نظر درسی وضعیت مطلوبی ندارند. برای ایجاد اعتماد در آن‌ها، صبر و استقامت می‌خواهد.

چگونه برای کودکان بد زبان و فحاش قصه بگوییم

برای همراه شدن با این گونه کودکان قصه‌گو می‌باید نشان دهد، مهارت ویژه‌ای فرای مددجو دارد و می‌تواند رو کم کند. از نظر این بیمارها کسی که شَرتر است قوی‌تر است. قصه‌گو باید ابتدا چند چشمه از کارهای خشن و سخت دلی خود را رو کند. نشان دهد که قُلدر و زورگوست، طوری که کودک را مجاب کند که از او بی باک تر و نترس تر است. بدین وسیله کودک تشویق می‌شود که به قصه‌هایش گوش فرا دهد.

کودکان شرور

کودکان شرور اغلب دارای برخی خصوصیت‌هایی هستند که باعث تمایز رفتار آنها از سایرین می‌شود. این خصوصیت‌ها عبارتند از: کمبود توجه، عدم احترام به قوانین و مقررات، نارضایتی از خود و دیگران، تمایل به تحریک و آزار بقیه، و عدم توانایی در حل مسائل به صورت سازنده. این خصوصیت‌ها ممکن است ناشی از عوامل مختلفی باشند، از جمله محیط خانوادگی، شخصیت، ژنتیک، یا شرایط روانی. کودکان شرور نیاز به راهنمایی و حمایت مناسب دارند تا بتوانند رفتار خود را بهبود بخشند و با دیگران بهتر کنار بیایند.

چگونه برای کودکان شرور قصه بگوییم

قصه‌گو باید اعتماد به نفس زیادی از خودش نشان دهد. داستان‌های وحشتناک و پر حادثه ای تعریف نماید تا احترام او را برانگیزد و سپس به قصه درمانی بپردازد. گاهی بلند شود و قُلدر مآبانه راه برود. حرکات تند و عصبی از خود نشان بدهد. صدایش را ناگهان بلند کند و به داستان‌هایی مهیج با درونمایه آموزش غیر مستقیم بپردازد. داستان‌هایی که قهرمان با وجود همه بزهکاری‌ها متوجه می‌شود بهتر است با قانون و محیط زیست و مردم سازگار باشد و حقوق اجتماعی را رعایت کند. در هر حال قصه‌گو باید همواره نشان بدهد قوی و اهل جنگیدن است . نترس است و بی باک. به عبارتی دیگر از او سر است.

کودکان ناسازگار اجتماعی

از مهمترین خصوصیت این نوع بیماری دروغگویی است و در این کار مهارت دارند. دزدی میکنند و عاشق آتش بازی هستند. مهاجم اند. در بیشتر مواقع در هماهنگی بدنی دچار اشکال هستند. زود رنج و کج خُلق هستند. در مجموع خُلق و خوی متغییری دارند. مدام نگران و مضطرب اند و در درون احساس عدم امنیت و ناتوانی می‌کنند.

برای نزدیک شدن به این نوع بیماران انرژی زیادی باید صرف شود. در خیلی مواقع وانمود می‌کنند که با قصه‌گو همسو هستند ولی منتظر فرصتی برای عکس‌العمل هستند. آنچه می‌گویند در ظاهر است و در عمل انجام نمی‌دهند.

چگونه برای کودکان ناسازگار اجتماعی قصه بگوییم

قصه‌گو باید نشان دهد که از او ناتو ترست. برای اثر گذاشتن و همگون شدن با او باید داستان‌هایی وحشتناک با الفاظی همتای او بیان کند. بعد از این که در مقابل او برتری پیدا کرد داستان‌ها را به سوی صلح و دوستی و رفاقت پیش ببرد. آموختن مهارت‌هایی مثل نقاشی و یا اجرای تأتر به او کمک می‌کند. آموزش مهارت‌های فنی مثل کار آموزی ضمن قصه‌گویی مؤثر است.

کودکانی که ناخن و انگشت خود را می‌جوند

علت اصلی آن هیجان و استرس است و یا وسیله ای برای ابراز دلگیری، دلواپسی و دلخوری است. گاهی بچه‌ها این کار را از کسی یاد می‌گیرند. همچنین می‌تواند بیانگر عدم اعتماد بنفس او باشد.

خودش نادرستی کارش را در نظر دارد برای همین با مواجه شدن با دیگران دستانش را پنهان می‌کند. اگر این عادت در کودکی از بین نرود تا بزرگی ادامه می‌یابد. باید ناخن‌هایش را همیشه کوتاه نگاه داشت و در مواقع جویدن حواسش را پرت کرد و یادمان باشد او را دعوا نکنیم چون وضع را بدتر می‌کند .

چگونه برای کودکانی که ناخن می‌جوند قصه بگوییم

باید در ابتدا بر روی استرسی که کودک را رنج می‌دهد تمرکز کرد و از او خواست تا قصه ای تعریف کند و یا نقاشی بکشد. او دلواپسی‌اش را در نهاد قصه بیان می‌کند. بعد از شناخت معضل می‌توان به ترمیم اعتماد بنفسش اقدام کرد. قصه‌هایی آرامش بخش بیشتر در زمینه طبیعت و صلح و دوست داشتن حیوانات برایش نقل کرد. پس از آن قصه‌هایی از زبان انگشت‌های دست پرداخت. انگشت‌ها را با گذاشتن چشم و ابرو و دهان شبیه آدم شخصیت پردازی کرد، طوری که هر کدام به صحنه بیابند و از کارایی خود و نقشی که در زندگی ما دارند مطالبی بگویند. بعضی وقت‌ها دوستانش و یا اعضای خانواده اش را بر روی انگشتان نامگذاری کرد، اینگونه که ارتباطی عاطفی بین کودک و انگشتانش ایجاد شود.

کودکان دارای مشکل شب ادراری

کودک از حدود ۴ سالگی می‌تواند کنترل مدفوع و ادرار خود را داشته باشد، ولی اگر به ۷ سالگی رسید و شب ادراری ادامه یابد باید به فکر چاره بود و با پزشک اطفال مشکل را در میان گذاشت. اختلال‌هایی از قبیل:

۱- بیماری قند ۲-عفونت مجرای ادراری ۳-اضطراب ۴-آلرژی ۵-ترس و نگرانی ۶-ورود به محیط جدید ۷- رفتار نا مناسب اولیاء مدرسه ۸-نوزاد جدید ۹-فوت یکی از نزدیکان ۱۰-طلاق پدر و مادر ۱۱-خواب سنگین ۱۲- سابقه غش ۱۳-کودکانی که فتق دارند و یا در خانواده زمینه ارثی دارند و در مواردی آسیب در کروموزم پیدا شده باشد.

اینها بخشی ازعواملی هستند که در شب ادراری کودک مؤثرند. این عوامل با برخوردهای بد والدین سبب می‌شود که نه تنها معالجه نشود بلکه شدت آن نیز افزایش یابد. این بچه‌ها از رفتن به مسافرت و خوابیدن در جایی غیر از خانه دچار ترس می‌شوند، مبادا که آبروی شان برود. برای همین هیچوقت نباید در این رابطه با دیگران صحبت کرد و نباید این مشکل را مدام به او گوشزد کرد. بهتر است قبل از خواب او را به دستشویی فرستاد و قبل از خواب نوشیدنی‌اش را کم کرده و وسط شب بیدارش کرد تا به دستشویی برود.

چگونه برای کودکان شب ادرار قصه بگوییم

قصه‌گویی برای این گروه به این صورت است که عزت نفس کودک را که در اثر این مشکل به هم ریخته دوباره سازی کنیم. برایش از افرادی بگوییم که توانسته اند بر این مشکل فائق بیایند و از این پیروزی خوشحال هستند، هر صبح که جایشان خشک است را نگاه می‌کنند و می‌فهمند این معضل برای همیشه از بین رفته. بهتر است هر روز که جایش خشک است به او جایزه داد.

کودکان تراجنسی

تراجنسی از همان دوران کودکی نشانه‌های خود را نمایان می‌کند. چطور پدر و مادر متوجه می‌شوند که کودکشان دارای این اختلال است. خردسالانی که با انتخاب اسباب‌بازی و رنگ‌های جنس مخالف و نوع حرکات نشانه‌هایی را با زبان بی زبانی عیان می‌کنند، هر چند که ممکن است این علایم عیان نباشد و حتی گاهی زودگذر باشد ولی می‌تواند زنگ خطر برای این اختلال باشد که منجر به معضل آشفتگی جنسیتی شود. چنانچه محرز شد که

کودک از جسم و روح در یک جنس نیست باید هورمون درمانی را آغاز کرد تا صفات ثانویه در او ظاهر شود. این تصمیم بسیار مهم است زیرا برگشت ناپذیر می‌باشد.

چگونه برای کودکان تراجنسی قصه بگوییم

قصه‌گو با توجه به آسیبی که خردسال از این تغییر پیدا کرده، قهرمان داستان را در وضعیت مشابه قرار دهد و از زبان قهرمان قصه این تغییر را یک امر ساده که ممکن است برای هر کودکی اتفاق بیفتد عادی سازی کند و آن را به باور کودک بر رساند. نقش قصه‌گو در مستحکم کردن جنسیت جدید بسیار مهم است.

اگر جنسیت جدید پسر است داستان را با دلاوری و قدرت‌های نهفته پیش ببرد و چنانچه دختر است با قصه‌های عاطفی و هنرهایی از این دست بیان کند تا کودک راحت تر وضعیت جدید را بپذیرد.

ضمیمه

این روش‌های تربیتی خلاقیت را در کودکان از بین می‌برد.

۱-امر و نهی و بکن و نکن

۲-الگو دادن به کودک

۳-بی اهمیت نشان دادن کارهای کودک

۴-قوانین خشک و بدون تغییر

۵-ترساندن کودک از شکست

۶-ایجاد رقابت ناسالم

۷-مقید کردن صرفأبه نتیجه عمل

۸- مقایسه کردن کودک

۹-ایراد گرفتن از نتیجه کار

۱۰-عجله کردن در ارائه کار

۱۱-نگاه مستبدانه مربی به نتیجه کار

۱۲-تحقیر کودک

۱۳- خواستن کاری ورای توان کودک

۱۴- خشونت رفتاری

۱۵-توجه بیش از حد

۱۶- تهیه هر چه بخواهد

۱۷- پول خرج کردن به افراط

۱۸- توقع زیاد داشتن

۱۹- ثبت نام کردن در کلاس‌های زیاد و پی در پی

۲۰- توهم دادن به کودک

۲۱-رفتارهای دو گانه

۲۲- دادن امکانات در زمان نا مناسب

۲۳- دروغ گفتن

۲۴- سفرهای تکراری

۲۵-غذاهای تکراری

۲۶-راه رفتن‌های تکراری تا مدرسه

۲۷-تنقلات تکراری

۲۸-آموزش‌های تکراری

۲۹-آموزش‌های بیهوده و خسته کننده

۳۰-نرفتن به طبیعت

۳۱-پاستوریزه بار آوردن

۳۲- نداشتن تفریح متنوع

۳۳-اعتنا نکردن به نظرات کودک

۳۴- آخر هفته خسته کننده و یکنواخت و نبودسرگرمی

۳۵-آشنا نکردن کودک با کتاب

۳۶-معاشرت نکردن خانواده با دیگران

۳۷-پاسخ ندادن به پرسش‌های کودک

۳۸-تکالیف زیاد مدرسه

۳۹- صحبت نکردن با کودک در باره پیرامون مسائل خانواده

۴۰- نظم بیش از حد

۴۱- ارجحیت کارهای دیگران بر کودک

۴۲- تنهایی و تک فرزند بودن

۴۳-بازی نکردن با کودک

۴۴- عادت کردن به روزمرگی

۴۵-نادیده گرفتن هیجان‌های کودک

۴۶-عدم همسان سازی محیط کودک با شرایط زند

۴۷-اجازه ندادن به کودک تا آزادانه خود درونیش را نشان بدهد

۴۸-رفتار و گفتار تکراری پدر و مادر

۴۹- کم بودن محرک‌های محیطی کودک

۵۰- خشک و بدون انعطاف والدین

۵۱- زدن کودک

۵۲- به روز نبودن و عقب ماندگی والدین

۵۳-دیدن بیش از حد کارتون

۵۴-استفاده کردن بیش از حد ازبازی رایانه

۵۵- وسواس والدین

۵۶-خلاق نبودن والدین

۵۷- محتاط بودن

۵۸-ترس از شکست و اشتباه

۵۹-تفکرات ایده آلیستی والدین

۶۰- دور بودن ساعات زیادمادر از کودک

۶۱-همسو نبودن والدین در تربیت کودک

۶۲- نبودن هدف و برنامه در زندگی خانواده

۶۳-تحمیل نقش بزرگسال

۶۴-اهمیت ندادن به تخیل کودک

۶۵- هراس از قضاوت مردم

۶۶- تأکید زیاد والدین بر جنسیت

۶۷-در دسترس نبودن أسباب بازی مناسب

۶۸-دیدن فیم‌های نامناسب

۶۹-تأکید بیش از حد بر نمره

۷۰- اعتیاد والدین

۷۱-انگ و یا اسم گذاشتن بر روی کودک

۷۲-توهین و ناسزا

۷۳- آسان نگرفتن و عدم شوخ طبعی در خانه

۷۴- استفاده غلط از کتاب و گزینش نکردن کتاب‌های در دسترس کودک

۷۵- برخورد نا مناسب با اشتباهات کودک

۷۶- بی هویتی والدین

۷۷- بی توجهی به پرسش‌های کودک

۷۸-بی توجهی به تغذیه کودک

۷۹- توبیخ کودک و اجازه دفاع ندادن

۸۰- افسردگی

یادداشت

یادداشت